Zwischen Meer und Bodden

Zwischen Meer und Bodden

Fischland, Darß, Zingst

Fotografiert von Heinz Teufel

Mit einem Text von Rolf Schneider

Ellert & Richter Verlag

Bibliographische Information der Deutschen Bibliothek
Die Deutsche Bibliothek verzeichnet diese Publikation in der Deutschen National-bibliographie; detaillierte bibliographische Daten sind im Internet über <http://dnb.ddb.de> abrufbar.

ISBN 3-8319-0178-3

Text: Rolf Schneider, Ahrenshoop
Gestaltung: Büro Brückner + Partner, Bremen
Lithographie: Barsuhn + Petersen Werbeagentur GmbH, Hamburg
Druck: Girzig + Gottschalk, Bremen
Bindung: S. R. Büge GmbH, Celle

Autoren und Verlag bedanken sich bei allen, die bei der Realisierung dieses Projektes mitgeholfen haben – insbesondere bei dem Darß-Museum in Prerow und dem Heimatmuseum Zingst und dessen Leiter Karl-Heinz Tandel.

Bildnachweis: alle Fotos Heinz Teufel
außer:
AKG images, Berlin: S. 10 li., 10 re., 36 re., 76 re.
Archiv Ellert & Richter, Hamburg: S. 35 li., 36 li., 36 m., 77 li.
Bildarchiv Preußischer Kulturbesitz bpk, Berlin: S. 7, 8
Bunte Stube, Ahrenshoop: S. 35 re., 76 li., 77 re.
Heimatmuseum Zingst: S. 11 li., 11 m., 11 re., 12 li., 12 m., 72 m.

Inhalt

6   **Annäherung an eine Gruppe von Nehrungen und Inseln**

18   **Die einstige Insel Fischland**

34   **Künstlerkolonie Ahrenshoop**

40   **Der Darß**

56   **Der Zingst**

70   **Von Katen, Kirchen und anderen Besonderheiten**

88   **Die Eingangstore**

96   **Karte**

Annäherung an eine Gruppe von Nehrungen und Inseln

Der Eingang zu unserer Region liegt bei Altheide, und einen ordentlichen Ausgang zu Lande gibt es eigentlich nicht. Altheide ist eine Ortschaft an der von Rostock nach Stralsund führenden Bundesstraße 105, die nicht erst seit dem Jahre 1990 ständig kollabiert unter entschieden zu vielem rollendem Blech. Das Grundwort -heide des erwähnten Ortsnamens erklärt sich durch die räumliche Nähe zur Rostocker Heide, die weiter östlich auch Gelbensander Heide heißt und ein Staatsforst ist mit viel Farn und mit vielen alten Bäumen. Die Bundesstraße 105 läuft dann weiter hin auf die ehemalige Kreisstadt Ribnitz-Damgarten, während es in nördlicher Richtung eine Abzweigung gibt hin zum Fischland und zum Darß.

Fischland, Darß und Zingst sind Bestandteile einer Gruppe von Nehrungen und Inseln, denen weiter östlich auch Hiddensee und Rügen zugehören. Genau besehen, setzt sich diese Küstenstruktur immer fort, mit den Inseln Usedom und Wollin vorm Oderhaff und dann weiter bis zur Mündung von Weichsel und Memel, bis zur Halbinsel Hela, bis zur Kurischen Nehrung. Diese ausgefranste Gestalt der südlichen Ostseeküste stellt das Ergebnis einer erdgeschichtlich relativ jungen Entwicklung dar, die bis heute nicht völlig zum Abschluss gekommen ist und der wir daher etwas rückblickende Aufmerksamkeit widmen möchten.

Wie alles nördliche und mittlere Europa wurde die Gegend mehrfach von Meeren überspült. Zurückgebliebene und bis heute reichlich auffindbare Sedimente beweisen es. Überhaupt ist die Ostsee in ihrer heutigen Form ein vergleichsweise junger Meeresteil,

abgeschnürt, flach und fast gezeitenfrei. Im Tertiär, das war vor etwa vier Millionen Jahren, schoben sich von Skandinavien her Gletscher nach Süden, bis zu den deutschen Mittelgebirgen. Die Eisschicht hatte im Durchmesser eine Höhe von mehreren hundert Metern, es gab Zwischenperioden der Erwärmung, in denen das Eis etwas abschmolz. Die Erdkruste senkte sich. Das Becken der Ostsee entstand und wurde überflutet. Nach der letzten Eiszeit verblieben dann die flachwelligen Grundmoränenlandschaften des mecklenburgischen Nordens und Ostens sowie die Endmoränenlandschaft der mecklenburgischen Seen. Die heutige Gestalt der Küste und damit die Konturen der Ostsee aber formten sich durch mehrfache Hebungen und Senkungen der Erdoberfläche.

Infolge der Einmündung verschiedener Flüsse wird das Wasser, je weiter östlich es steht, immer brackiger und süßer. Den abnehmenden Salzgehalt beeinflussen mehrere submarine Bodenerhebungen, eine davon ist die Darßer Schwelle. Das Wasser zwischen den vorgelagerten Inseln und dem eigentlichen Festland steht besonders flach, es heißt Bodden oder Achterwasser, bietet Platz für viele fangbare Fische und wurde bis 1990 durch allerlei zivilisatorische Abwässer verschmutzt. Heute ist es wieder sauberer, und an schönen Tagen trägt es die weißen oder braunen Segel behäbig vorm Wind kreuzender Boote.

Die Straße, die hinter Altheide zum Fischland führt, tangiert als erstes eine Ortschaft mit Namen Klockenhagen. Sie macht sich zunächst bloß kenntlich durch einen vor sich hinbröselnden Allerweltsbau,

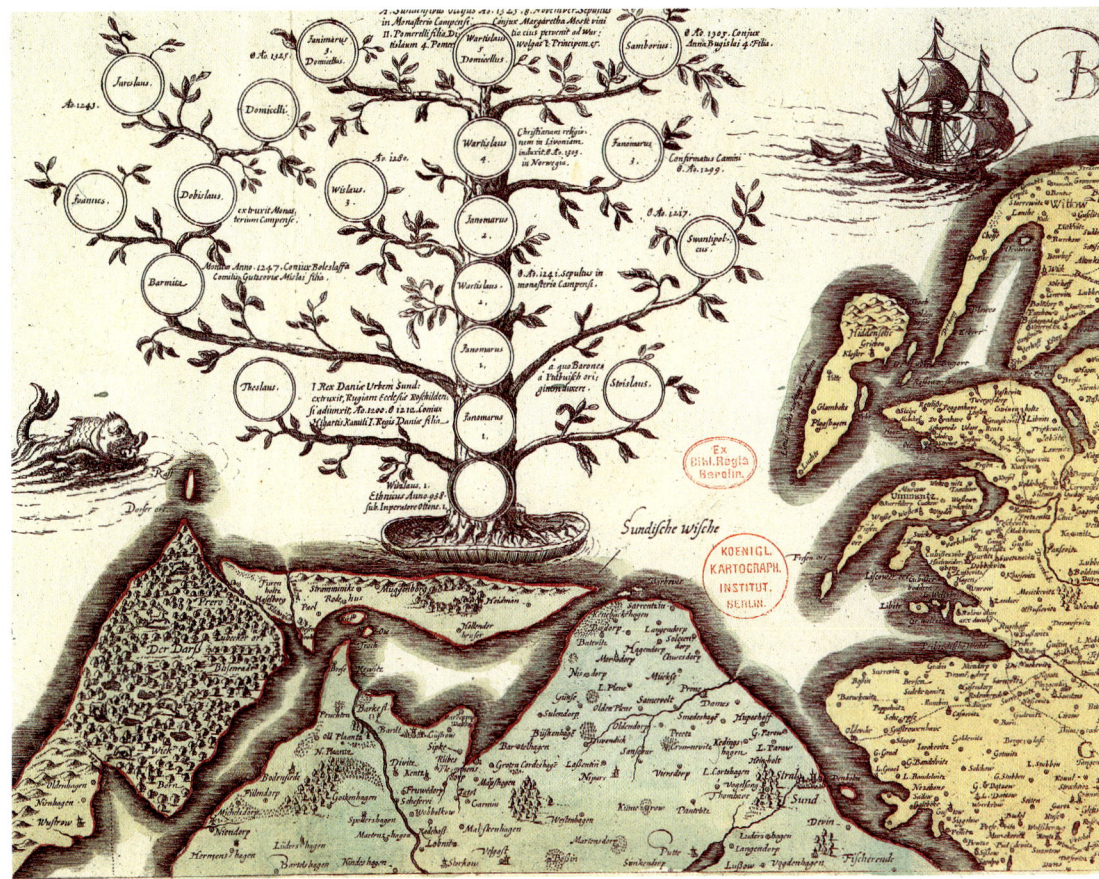

der in seiner Architektur zu erkennen gibt,
dass er ein übliches Produkt realsozialisti-
schen Bauens war. Klockenhagen verdiente
keinerlei Beachtung, wenn nicht, dem ersten
Eindruck zum Widerspruch, der Ort schon
ziemlich alt wäre und außerdem befähigt,
über seine vielhundertjährige Geschichte
sinnliche Auskunft zu erteilen.

Das beginnt bereits beim Namen. Er weist
die Ortschaft den Hagensiedlungen zu, und
dies waren im Hochmittelalter inmitten von
Waldungen entstandene Wohnstätten. Wel-
fenherzog Heinrich der Löwe (1142–1180),
der als erster die Angelegenheit betrieb, zeig-
te sich interessiert an möglichst hohen Abgaben des Landes, das ihm unterstand, und
entsandte deswegen reichlich Kolonisten.
Ein steter Strom deutscher Einwanderer setzte ein. Sie kamen aus Westfalen, Ostfries-
land, Holstein, aus dem Rheinland, aus
Gebieten zwischen Unterelbe und Weser.
Immer neue Dörfer wurden gegründet, und
besonders entlang der Küste entstanden sie
von wilden wortelen, von wilden Wurzeln,
also ohne irgendeine zivilisatorische Voraus-
setzung, vielmehr geschaffen durch Waldro-
dungen auf schweren Lehmböden. Die zahlreichen Ortsnamen auf -*hagen* bezeugen
eben jene Herkunft.

Die Gründungen erfolgten über sogenannte
Lokatoren. Das waren zugewanderte deutsche Kleinadelige, die außer einem Grundbe-
sitz von bestimmter Größe, nämlich vier
Hufen, die niedere Gerichtsbarkeit und das
Schulzenamt erhielten. Die Lokatoren war-
ben jüngere Bauernsöhne für die Besiedlung;
das gewonnene Land wurde in Erbpacht
bewirtschaftet und konnte vom Grundherrn

nicht gekündigt werden. Die zu entrichten-
den Abgaben an die Obrigkeiten waren
hoch.

Die Siedler brachten aus ihrer alten Heimat
das niedersächsische Hallenhaus mit. Fortan
bestimmte es in seinen verschiedenen Aus-
prägungen die mecklenburgischen Dörfer.
Hallenhaus bedeutete, dass sich zunächst
alles unter einem Dach befand: Scheuer und
Wohnstatt, Speicher und Stallung. Das Haus
wurde in Fachwerk errichtet, die Gefache
wurden ausgefüllt mit Lehm, später auch
Ziegeln, und das Dach bestand aus Stroh.
Man kann solche Häuser noch heute in

Karte von Fischland, Darß und Zingst aus dem Jahr 1864

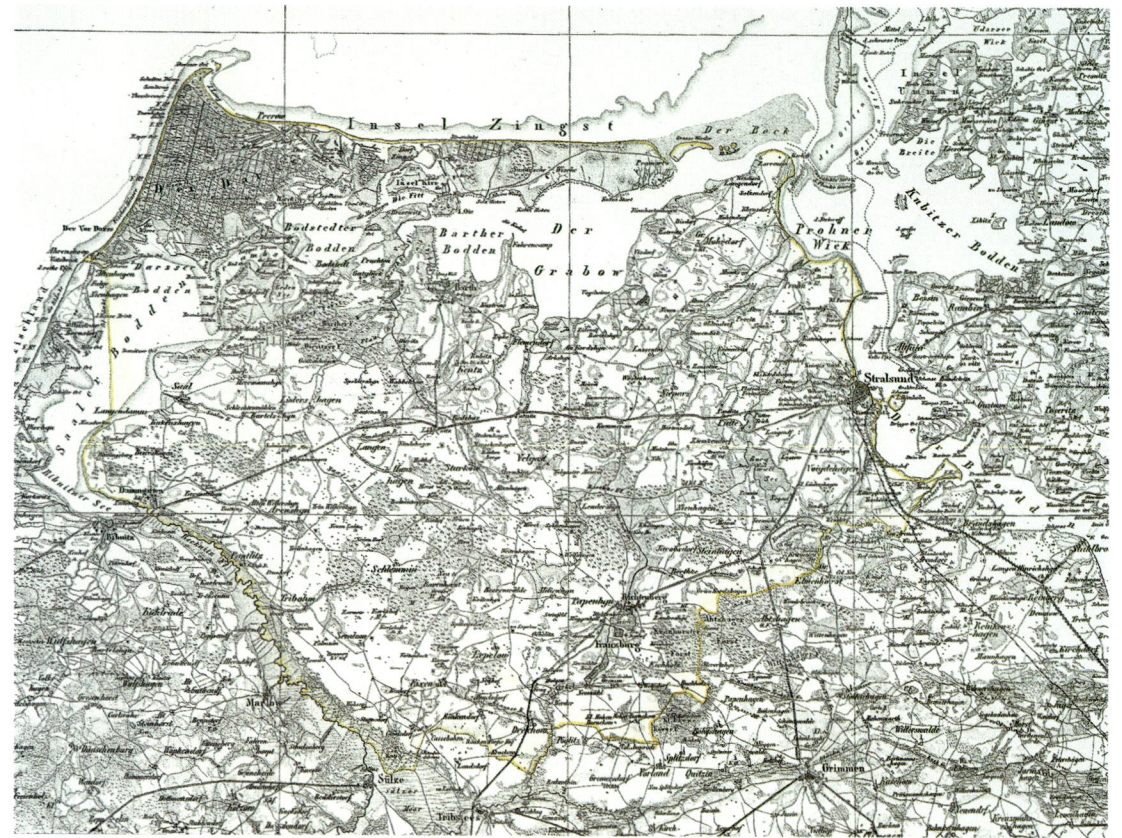

separaten Wohnungen für Familien von Landarbeitern. Zu den jüngsten Erwerbungen zählt eine alte dörfliche Kirche mit frei stehendem Glockenturm, und als schönstes Gebäude gilt jenes mit dem Schaugiebel, das laut Inschrift einmal den Margwarts gehörte, mit Vornamen Hans und Maria, und das von 1671 stammt.

Die Straße läuft in nordöstlicher Richtung aus Klockenhagen fort. Sie läuft vorbei an Wiesen, auf denen Kühe und, manchmal, auch Fischreiher stehen. Es gibt die Kreuzung mit einer anderen Straße, die westlich zum Ostseebad Graal-Müritz führt und östlich nach Ribnitz-Damgarten. Graal-Müritz befindet sich schon wieder auf halbem Weg nach Rostock, und auch Ribnitz ist Festland und mit der Nehrung von Fischland, Darß und Zingst nur insofern verbunden, als es vierzig Jahre lang Verwaltungszentrum war für die Mehrzahl der Halbinselorte und heute noch Anlaufpunkt ist für Dampferfahrten auf dem Saaler Bodden. Nach einer umfänglichen Gebiets- und Verwaltungsreform, die das neue Bundesland Mecklenburg-Vorpommern vornahm, entstand der Großkreis Nordvorpommern mit der Kreisstadt Grimmen. Sämtliche Ortschaften auf Fischland, Darß und Zingst gehören ihm zu. Auch die Gemeinden auf der Halbinselgruppe haben ihre Autonomie zu Teilen eingebüßt. Zwar gibt es noch die einzelnen Dorfparlamente, und es gibt jeweils einen Bürgermeister, doch sämtliche wichtigen Verwaltungsfunktionen sind auf das Amt Darß-Fischland übergegangen, dessen Zentrale sich in Born befindet. Der Saaler Bodden aber ist ein vielbuchtiges Achterwasser, dessen südlichster Zipfel bei

mecklenburgischen Dörfern vorfinden, und besonders reichlich stehen sie in Klockenhagen. Es wurde nämlich hier ein förmliches Freilichtmuseum des dörflichen Wohnens angelegt, im Jahre 1970, als der letzte Besitzer eines um 1700 entstandenen Hallenhauses seine Wohnstatt aufgab und für museale Zwecke zur Verfügung stellte. Auf dem Grundstück existierte außer einem Ziehbrunnen noch eine Scheune, die um 1800 entstanden war. Es wurden dann aus anderen Dörfern der Region weitere alte Gebäude herbeigeschafft, aus Rossen etwa und aus Stäbelow, und so steht da heute zum Beispiel der „Tweipott", ein zweigeteiltes Haus, mit zwei

Ribnitz liegt und der eigentlich nichts anderes darstellt als das Haff eines Flusses namens Recknitz. Dieser Fluss, alte Grenzscheide zwischen Mecklenburg und Vorpommern, mündet bei Ribnitz und erreicht die offene See erst viel weiter nordöstlich, hinter der Halbinsel Zingst. Geologisch verhält sich die Sache nicht viel anders als im Falle der Oder, bloß dass eben die Recknitz viel kleiner ist und viel weniger prominent.

Von besagter Kreuzung hinter Klockenhagen verläuft die Straße nach Ribnitz durch einen schönen alten Buchenforst. Auf der anderen Seite rückt das Ufer des Bodden heran und sieht sehr dekorativ aus. Es gibt in Körkwitz ein Klärwerk etwas abseits der Straße, Körkwitz selber besteht aus ein paar eher verlorenen Häusern ohne erkennbare Bedeutsamkeit. Immerhin macht sein Name, ebenso wie der von Ribnitz, darauf aufmerksam, dass er jedenfalls nicht germanisch-deutschen Ursprungs ist. Er ist vielmehr slawisch. Hier müssen wir uns abermals in die Geschichte der Region versenken.

Die Gegend, wie ganz Mecklenburg und Vorpommern, wurde bis ins Hochmittelalter hinein von Wenden bewohnt; die in Gebieten des heutigen Mecklenburg-Vorpommern ansässigen Völkerschaften gehörten zur Gruppe der Westslawen. Es handelte sich um die Obotriten, die Ranen und die Wilzen. Die Landnahme in Mecklenburg war Teil einer allgemeineren westslawischen Siedlungsbewegung, ein verlässliches Indiz dafür sind die Orts- und Flurnamen auf -ow und -itz. Das heutige Mecklenburg-Vorpommern war fast ein halbes Jahrtausend hindurch Wendenland.

Seine Bewohner waren Bauern und Fischer, siedelten in Dörfern und errichteten sich Fluchtburgen, in sumpfigen Gegenden, sie waren gute Zimmerleute und Töpfer. Ihre Religion scheint nach einer einfachen manichäischen Ordnung funktioniert zu haben: Es gab einen guten und lichten Gott wie dessen bösen und düsteren Widerpart: Belbog und Czernebog. Auch von einer weiblichen Gottheit ist die Rede, Siwa, einem Ernte- und Fruchtbarkeitsidol. Offenbar wurden außerdem lokale Gottheiten verehrt, die dann manchmal mit den zentralen Göttern verschmolzen; für Obotriten und Wilzen bezeugt sind verschiedene Tempelanlagen eines Gottes namens Swantewit. Die wichtigste befand sich in Arkona auf Rügen, und eine kaum minder wichtige befand sich auf dem Fischland, in Wustrow, auf einem künstlich angeschütteten Hügel, der heute noch existiert. Auf ihm steht nunmehr die Kirche, die keine hundertfünfzig Jahre alt ist und einer besonderen kunsthistorischen Erwähnung nicht wert. Bemerkenswert ist allein der weite Ausblick, den man von der Höhe ihres Turmes hat, sowie der Umstand, dass die sonntäglichen Predigten manchmal in Platt erfolgen.

Illustration zu einem Werk von Fritz Reuter

Fritz Reuter (1810–1874) und seine Frau Louise

Muttersprache

Die heimische Mundart der Halbinselgruppe ist niederdeutsch. Sie gehört zum Mecklenburgischen, das sich von den benachbarten Dialekten des Holsteinischen, Brandenburgischen und Hinterpommerschen in entscheidenden Eigenarten der Lautfärbung und des Wortschatzes abhebt.

Auch innerhalb des Mecklenburgischen gibt es wesentliche Differenzierungen, so dass man von einer eigenen ostmecklenburgischen Dialektgruppe reden muss. Außerdem existieren Unterschiede gegenüber dem Vorpommerschen. Die Grenze verläuft, ganz entsprechend den einstigen politischen Vorgaben, durch den Darß.

Auffällig sind beim Fischländer Platt die relativ zahlreichen Entlehnungen aus dem Slawischen, dem Englischen, dem Niederländischen und dem Schwedischen. Sie werden teils durch die politische Geschichte, vornehmlich jedoch durch die Arbeitskontakte aus der Seefahrt erklärlich.

Einheimische untereinander, besonders auf dem Lande, benutzen überwiegend die Mundart. Die lange Zeit gehegte Überzeugung, Plattdeutsch sei eine bäuerlich-primiti-

ve Ausdrucksweise, hatte die Sprache zivilisatorisch beträchtlich entwertet, von Entwicklungen der moderneren Lexik ferngehalten und es insgesamt stark zurückgedrängt. Die Gegenbewegung setzte in Mecklenburg schon relativ früh ein, nämlich im vorvorigen Jahrhundert, mit der hochrangigen Belletristik von Autoren wie Fritz Reuter und John Brinkman. Im letzten Jahrhundert folgten unter anderem die Bibelübersetzungen von Karl Homuth und, vor allem, Ernst Voß: Dat Ni Testament för plattdütsch Lüd in ehr Muddersprak oewerdragen. Homuth und Voß sind beide Mecklenburger. Sie stützen sich auf jene mundartliche Schriftsprache, wie sie sich Reuter und Brinkman geschaffen haben.

Man wird von Mecklenburger Platt nicht handeln können, ohne die linguistischen Arbeiten von Teuschert und Wossidlo zu erwähnen. Das mecklenburgische Wörterbuch, das sie zusammentrugen, stützt sich auch auf Quellen der Gegend von Fischland und Darß, denn eine ihrer Gewährspersonen war die letzte Priorin des Adelsstiftes in Barth, Katharina von Hagenow.

Um aber einen Eindruck vom Fischländer Platt zu geben, sei im Folgenden eine Strophe

zitiert aus einem diese Gegend beschreibenden und dortselbst auch verfassten Gedicht:

Wenn dat Awt in vuller Pracht
Dörch de welken Blätter lacht,
wenn de See ehr Psalmen singt,
dat de Schum de Dün hochspringt,
wenn int Ruhr de Wildgans schriet,
is dat nich ne schöne Tied?

Tourismusbeginn

Die Straße verläuft weiter in Richtung Nordosten und gelangt nach Dierhagen, dessen Ortsname erzählt, dass es sich abermals um eine alte Gründung aus der Zeit der hochmittelalterlichen deutschen Kolonisation handelt. Dierhagen liegt zum Bodden hin, ebenso wie das unmittelbar benachbarte Dändorf, einstige Fischer- und Schiffersiedlungen alle zwei. Außerdem gab es immerzu große Schafherden hier, und da die Landschaft, zu der sie gehören, reichlich über saure Wiesen und Moore gebietet, wurde früher auch Torf gestochen.

Der Name des Ortes leitet sich wahrscheinlich von einem großen Gestüt ab, das sich bereits in slawischen Zeiten hier befunden haben soll. Jedenfalls existierte im Hochmit

telalter ein fürstlicher Hof, später eine Klosterwirtschaft, und stets war man mit der Tierzucht befasst bis hin zur Zeit des Dreißigjährigen Krieges. Vor dem Beginn der Dampfschifffahrt war Dierhagen außerdem, wie auch Dändorf, Stammhafen einer ziemlich großen Flotte aus Segelschiffen, und besonders die Dändorfer hatten sich auf den Salztransport spezialisiert.

Die Ware stammte gewöhnlich vom Festlandort Sülze, wurde von Ribnitz her mit Lastkähnen über den Bodden gebracht, danach auf Fuhrwerken nach Neuhaus und schließlich auf Segelschiffen über die Ostsee hinweg bis nach Wismar. Die Sache war recht einträglich, und Dändorf führte deswegen den Beinamen Goldort.

Später, als solche Art Konjunktur längst vorüber war, wuchs gleich neben Neuhaus ein Badeort. Er hieß zunächst Seebad Ribnitz, denn die Gründung erfolgte von der Stadt Ribnitz aus, und das Gelände, auf dem sie stattfand, gehörte zu Ribnitz als Stadtwiese. Es war das Jahr 1928. Fünf Jahre später wurde Ribnitz genau 700 Jahre alt, und man dachte jetzt sogar daran, in der Nähe des soeben neu geschaffenen Seebades die gesamte Nehrung zu durchstechen und solcherart

Ribnitz einen direkten Zugang zum Meer zu bescheren. Es kam nicht dazu. Das Seebad Ribnitz selbst erlebte zunächst keine rechte Konjunktur. Die setzte erst nach dem letzten Kriegsende ein, der Ort hieß jetzt Dierhagen-Strand, und die SED-Spitze errichtete für politisch bevorzugtes Personal allerlei Ferienhotels und Erholungsheime, das größte und schönste auf dem Witten Barg. Inzwischen hat sich darin eine Reha-Klinik etabliert, ein paar neue Pensionen sind entstanden und ein paar alte Hotels erneuert worden, und es gibt einen riesigen Camping-Platz; insgesamt hält Dierhagen-Strand eine sonderbare Mitte zwischen DDR-Nostalgie und Spätkapitalismus.

Hier sollte noch angemerkt werden, dass der Bädertourismus in Mecklenburg-Vorpommern eine durchaus traditionsreiche Angelegenheit ist. Sieht man ab von den Heilquellen, wie sie etwa in Thüringen und in Sachsen bereits seit dem frühen 18. Jahrhundert regelmäßig genutzt worden sind, dürfen Mecklenburg und Vorpommern beanspruchen, den ältesten institutionalisierten Badebetrieb ganz Deutschlands zu besitzen. Friedrich Franz I., Herzog von Mecklenburg-Schwerin, machte im Jahre 1793 die alte

Zisterziensergründung Doberan, westlich von Rostock gelegen, zu seiner bevorzugten Sommerresidenz. Nach dem Jahre 1795 ließ er in einiger Entfernung von Doberan und direkt an der Küste ein Badehaus und mehrere Badehütten errichten. Das Gelände trug den einer frommen Sage verpflichteten Namen Heiliger Damm.

Ohne es zu wissen, hatte Herzog Friedrich Franz eine Einrichtung gestiftet, die entschieden in die wirtschaftliche Zukunft wies und sich darin vorteilhaft abhob von manchem im Land, was finstere Vergangenheit war. Viele schöne klassizistische Kurgebäude in Heiligendamm bezeugen diese ehrwürdige Historie bis zum heutigen Tag; mittlerweile ist das alles auf dem Weg zu einem höchst exklusiven Luxusbad.

Dem Beispiel von Friedrich Franz sollten die Fürsten von Putbus folgen. Sie waren ursprünglich schwedische Untertanen, denn die Insel Rügen, wie ganz Vorpommern, war seit dem Dreißigjährigen Krieg schwedischer Besitz. Durch den Wiener Kongress, den die europäischen Gewinner der Kriege gegen Napoleon abhielten, um den Kontinent neu unter sich aufzuteilen, geriet Vorpommern an Preußen. Die Fürsten von Putbus, eben noch

Gouverneure Stockholms und nunmehr preußische Aristokraten, errichteten ab 1818 im Zusammenhang mit dem klassizistischen Ausbau ihrer Residenz das Kurbad Putbus-Lauterbach. Es wurde der Anfang des Bädertourismus auf der Insel Rügen, und mit ein paar Jahrzehnten Verspätung etablierte sich das alles auch auf dem Fischland und dem Darß: Badestellen, Rettungstürme, Fremdenzimmer, Pensionen, Hotels, Restaurants.

Mahlzeiten

Für die Küche von Fischland und Darß, um auch das noch zu sagen, ist kennzeichnend, dass sie, vergleichbar der Folklore, prägnante und unverwechselbare Eigenarten kaum kennt. Man kann von einer mecklenburgischen Küche sprechen, welche die Küstenregionen einbegreift. Es gibt ein altes, immer wieder aufgelegtes mecklenburgisches Kochbuch, umfassend viele schwere bäuerliche Gerichte. Wollte man über sie ein Generalurteil fällen, hätte man sich zwischen den Urteilen derb und armselig zu entscheiden. Auf der Halbinselgruppe werden Fischgerichte offeriert. Üblicherweise werden sie höchst konventionell zubereitet: die Fische in Butter oder Speck gebraten oder gekocht und mit Senfsauce. Die Fische sind Dorsch, Zander, Aal, Flunder und Hering. Ihr allergrößter Vorzug ist ihre Frische.

Die wenigen noch existierenden Küstenfischer haben sich in letzter Zeit prosperierende Räuchereien zugelegt. Der dort angebotene Lachs kommt freilich aus Norwegen. Meeresfrüchte und Krustentiere, die sich außerdem importieren ließen, finden sich auf den Fischländer Speisekarten eher selten. Fischsuppen sind rar. Der Labskaus, altes Matrosenessen von Bremen bis Danzig, wird immerhin angeboten, ebenso Rote Grütze. Mit einer vierzigjährigen Verzögerung, da im unterversorgten DDR-Ferienbetrieb alles irgendwie Gegarte ganz selbstverständlich seinen reißenden Absatz fand, sind nunmehr zwischen Ahrenshoop und Prerow die Eigenarten einer neuen, raffinierten, experimentierfreudigen und vor allem leichteren Küche auf dem Vormarsch. Es gibt ein paar Restaurants, die sogar vor internationalen Fresskritikern Gnade fanden, eines befindet sich in Born, das andere in Wieck, nur könnte, was dort gekocht und angeboten wird, ebenso gut aus Köln oder Straßburg stammen.

Bauerngarten mit rohrgedecktem Hallenhaus, Freilichtmuseum Klockenhagen

Bockwindmühle, Freilichtmuseum Klockenhagen

Der Saaler Bodden zwischen Niehagen und Barnstorf

Die einstige Insel Fischland

Über ihre letzte und längste Strecke verläuft die Straße zwischen Dierhagen und Wustrow schnurgerade. Rechts liegen flache Weiden, auf denen immer noch Kühe und Fischreiher stehen, links erheben sich reetgedeckte Sommerhäuser vor dem Deich und hinter dichten Sanddornhecken; vorn dreht sich behäbig eine metallene Windmühle für den Stromantrieb, maximale Leistung 200 Kilowatt. Rechts daneben tauchen die Aufbauten eines Schiffes aus der Ebene auf. Sie gehören der „Stinne", einem zweimastigen Schoner aus Dänemark, der 1965 ganz in der Nähe gestrandet ist und, weil die Bergungskosten zu hoch waren, in den Bodden verbracht und dort festgemacht wurde. Er diente als Ferienobjekt. Inzwischen ist er völlig von Land umgeben. Man kann in ihm essen und trinken, man kann in ihm ein Hotelbett mieten, man kann sein Deck erklimmen und von dort hinausblicken auf Bodden und Schilf. Er ist Bestandteil der Silhouette von Wustrow, und gleich davor befindet sich noch die Grenze zum eigentlichen Fischland.

Früher hieß das Fischland Wustrow, und Wustrow, der Ort, hieß Kirchdorf, und immer war mit Fischland oder Wustrow jenes besonders schmale Stück der gesamten Nehrung unmittelbar südlich des Vordarß gemeint. Es bot Platz für genau vier Dörfer, nämlich Barnstorf, Kirchdorf, Althagen und Niehagen. Barnstorf ist heute mit dem Ort Wustrow völlig verschmolzen, wie auch Althagen und Niehagen mit Ahrenshoop zusammen eine Gemeinde bilden, obschon Ahrenshoop bereits in Vorpommern liegt, während Niehagen und Althagen mitsamt dem Fischland noch zu Mecklenburg gehören. Dies ist alles ein wenig verworren und kaum noch verständlich für Fremde, die von den Einheimischen übrigens Isenbahner genannt werden oder auch Forenser, wobei der erste Name von der Eisenbahn als dem lange Zeit üblichen Transportmittel abgeleitet ist, während der zweite vom englischen *foreigner* kommt, was eben Fremder bedeutet.

Die Landenge am südlichen Ortseingang von Wustrow war noch im Mittelalter der Permin, ein Wasserlauf, der den Bodden direkt mit der offenen See verband. Er war darin nicht der einzige. Weiter nördlich, in Ahrenshoop, gab es außerdem den Darßer Kanal, auch de Loop genannt, und beides waren Mündungsarme der Recknitz jenseits des durch den Saaler Bodden gebildeten Haffs. Das Fischland war also damals ein veritables Eiland.

Das Ende dieser insularen Situation erfolgte willkürlich und künstlich. Man schrieb die Zeit des ausgehenden 14. Jahrhunderts. Mecklenburg war eine bedeutende politische Macht geworden vermöge seines damaligen Herzogs, der den Namen Albrecht trug und ein Sohn Heinrichs des Löwen von Mecklenburg-Wismar war, der seinerseits nicht mit dem Welfenfürsten in Braunschweig verwechselt werden darf, denn der lebte bereits zweihundert Jahre früher.

Albrecht war ein geschickter und überlegter Herrscher, ausgestattet mit dem richtigen politischen Instinkt und dadurch befähigt, bei den vielfältigen Wirren im Deutschen Reich wie auch sonst in Europa immer auf der richtigen Seite zu stehen und seine Hausmacht kräftig zu mehren. Er sollte zum Ende seiner Regierung über den gesamten Norden

und Westen des heutigen Landes Mecklenburg verfügen, und das bedeutete in jener Zeit und Landschaft des unendlichen Partikularismus beeindruckend viel.

Er war mit einer Schwester des Schwedenkönigs verheiratet, und so geschah es, dass die schwedischen Notabeln im Jahre 1363 während einer Staatskrise Albrecht, des Herzogs von Mecklenburg ältesten Sohn, zu ihrem neuen Herrscher erkoren. Albrechts Regierung war nicht unumstritten, und ein mächtiger Gegner war Margarete, die Königin von Dänemark und Norwegen. Sie brachte ihm schmerzhafte Niederlagen bei. In genau jene Zeit fällt der Auftritt der Vitalienbrüder, deren bekannteste Anführer Godeke Michels und Klaus Störtebeker waren. Der Name ihrer Organisation ist französischen Ursprungs, *vitailleurs*, und erklärt sich daher, dass es zu den ersten Taten dieser Leute gehörte, während des Krieges zwischen Albrecht und Margarete das von den Anhängern Margaretes eingeschlossene Stockholm über die See hinweg mit Vitalien oder Viktualien, also Lebensmitteln, zu versorgen. Bei der Beschaffung zeigten sie sich nicht zimperlich. Sie kaperten und plünderten Handelsschiffe.

Mecklenburg wollte die in seinem Einflussgebiet befindlichen Seestädte Wismar und Rostock beim Kampf gegen Margaretes Dänemark beteiligt wissen. Die beiden Städte standen unentschieden zwischen der Strategie der Hanse, der sie zugehörten und der einzig an einer passierbaren Ostsee gelegen war, und den genau gegenläufigen Forderungen ihres Feudalherrn Albrecht von Mecklenburg-Wismar. Sie entledigten sich des

Problems, indem sie die Sache an die Seeräuber delegierten. Sie erklärten sich lediglich bereit, das angelandete Kapergut auf ihren Märkten gewinnbringend zu vertreiben. Mecklenburgs Herzog fand die Entscheidung vorzüglich. Alsbald schloss er sich ihr an und überließ den Seeräubern in seinem Herrschaftsgebiet einen festen Standort, nämlich Ribnitz. Der Saaler Bodden wurde zum Rückzugsgebiet der Piraten bei etwelchen Verfolgungen, und den Zugang zum offenen Meer bildete der Permin. Später, als der Krieg entschieden war, übrigens zuungunsten der Mecklenburger, waren die Vitalienbrüder bloß noch eine lästige Plage, mit der es endlich fertig zu werden galt. Die Hanse entschloss sich zu einem erfolgreichen Vernichtungskrieg, und in diesem Zusammenhang geschah es, dass auf dem Grund des Permin mehrere sandgefüllte Schuten versenkt wurden und dieser Wasserweg somit unpassierbar war.

Dies geschah 1395. Der Permin verlandete mit der Zeit, wurde durch Sturmfluten wieder geöffnet und verlandete erneut. Immer wieder gab es Bestrebungen, ihn neuerlich und endgültig freizulegen und diesem Teil der Ostseeküste zu einem seetüchtigen Hafen zu verhelfen. Immer wieder scheiterten solche Projekte am Protest der etablierten Hafenstädte Wismar, Rostock und Stralsund, die sich die lästige Konkurrenz von Klipphäfen fernhalten wollten. Ab 1875 wurde als Schutz gegen Sturmfluten der heute noch existente Deich errichtet, der alles Nachdenken über einen möglichen Wustrower Landdurchstich an der Stelle des Permin erst einmal beendete und das Fischland in seiner

Der Hafen von Wustrow

Auf dem Weg zum Strand, Wustrow

Rohrgedecktes Haus in Wustrow

halbinsularen Situation beließ. Der Hafen von Wustrow blieb ein schmales Becken zum Bodden hin, wo heute Ausflugsdampfer und Fischerboote anlegen.

Der Ort Wustrow existierte bereits vor der Verlandung des Permin. Die früheste Erwähnung in einer Urkunde stammt aus dem Jahre 1235, und die außerdem erschließbaren historischen Wurzeln reichen noch weiter zurück. Swante Wustrow ist ein Slawenwort, es bedeutet „heilige Insel", und außer wegen seiner geologischen Funktion trug der Platz diesen Namen, weil sich an ihm, wie schon erwähnt, eine wendisch-heidnische Tempelanlage zu Ehren des Gottes Swantewit befand.

Das Fischland ist eine alte Seefahrerregion, und in der durch den Permin gebildeten Bucht gab es Mitte des 18. Jahrhunderts eine Schiffswerft. Im 19. Jahrhundert waren Fischländer Segelschiffe auf vielen Weltmeeren unterwegs, und die meisten Reedereien wurden durch Fischländer Familien gehalten. Oft waren mehrere Personen gemeinsame Eigner eines Schiffes, weshalb ein solches Unternehmen den Namen „Partenreederei" trug. Segelschiffe aus Wustrow durchbrachen Napoleons Kontinentalsperre, und ebenso

verdienten sie am Krimkrieg, und zwar gleich an beiden der in diesen Konflikt verwickelten Seiten.

Ein förmlicher Wohlstand kam auf in der rauen und bis dahin ziemlich armseligen Gegend. Dann freilich begannen die Dampfschiffe zu fahren, von den Fischländern abfällig Stinkbüdel oder Füerfräters genannt, was freilich den Siegeszug des Transportmittels mit der neuen Technologie doch nicht aufzuhalten vermochte. Die Fischländer konnten die hierfür erforderlichen großen Investitionen nicht aufbringen, ihre Segelschifffahrt ging ein, und die Leute aus Wustrow, Althagen und Niehagen mussten sich fortan in Bremen und Hamburg als Matrosen anheuern lassen, wo sie übrigens sehr geschätzt wurden.

Eine machtvolle Erinnerung an die große Ära der Fischländer Segelschifffahrt war lange Zeit die Seefahrtsschule, deren großes rechteckiges Gebäude die anderen Dächer von Wustrow pompös überragt. Sie war eine Gründung aus dem Jahre 1846, hieß zunächst Großherzoglich Mecklenburgische Navigationsschule und bestand als maritime Ausbildungsstätte bis zum Jahre 1992, als man sie schloss. So sind die allerletzten Erinnerungen an die nautische Vergangenheit von Wustrow außer den weißen Boddendampfern, die sommers hier anlegen, um Touristen nach Ribnitz zu fahren, die Kapitänshäuser. Dies sind langgestreckte Reihenhäuser in zumeist grundsolider Ziegelbauweise, die sich die Kapitäne von ihren ersparten Geldern errichten ließen, um darin ihren Lebensabend zu verbringen. Das Kapitänshaus ist einer von drei traditionellen Fischländer Gebäudetypen, deren beide andere, noch ältere, das Bauernhaus und die Kate sind. Wustrow besitzt einige von ihnen. Sie stehen unter Denkmalschutz und sind zumeist wohl erhalten, wiewohl nicht immer sehr sachverständig erneuert.

Pensionierte Kapitäne beschäftigten sich ganz gerne, wenn sie denn das Talent dazu besaßen, mit der Malerei. Sie schufen Abbilder ihrer einstigen Segelschiffe. Das Porträtieren von Seglern geriet im 19. Jahrhundert zu einer förmlichen Mode, nicht nur in Mecklenburg und nicht nur in Deutschland, sondern beispielsweise auch in England, und es gab schließlich professionelle Maler, die sich ausschließlich oder fast ausschließlich diesem Geschäft widmeten, man denke an ein Genie wie den Briten William Turner. Vergleichbar waren solche Maler etwa jenen von Turnierpferden, die auch keinen anderen Zweck und kein anderes Objekt kannten als eben dieses, und wer heute wissen will, wie denn die Schiffe der Partenreeder von Wustrow äußerlich beschaffen waren, muss sich die entsprechenden und reichlich vorhandenen Tafelbilder besehen, von denen eine größere Anzahl im Schifffahrtsmuseum von Rostock und eine kleinere Anzahl im

Darß-Museum von Prerow hängen.

1869 wütete in Wustrow ein schwerer Brand. Er vernichtete viele der alten Gebäude im Ort, und da vor allem die Bauerngehöfte in der Großen Straße. Was danach entstand, präsentierte sich im oft peinlich imitatorischen Geschmack der Jahrhundertwende. Nach Nordwesten hin wuchs die Strandstraße, reihte Hotels, Pensionen und Cafés aneinander und endete an der Düne vor dem Sandstrand und dem offenen Meer. Dort ist seit 1990 noch enorm viel Neues entstanden, Hotels und Ferienwohnungsanlagen sonder Zahl, letztere untergebracht in Großbauten oder in Bungalowsiedlungen, und die Strandstraße selbst gebietet über allerlei Boutiquen und Restaurants. Kaum ein anderer Badeort der Region hat nach dem DDR-Zusammenbruch derart nachdrücklich sein Gesicht verändert wie Wustrow.

Am Ende der Strandstraße, hinter zwei großen und ziemlich teuren Restaurants, befindet sich die Seebrücke. Auch sie wuchs erst nach dem politischen Ende der DDR. Die Seebrücke ist nicht sehr lang, hat keinerlei Aufbauten und wurde bezahlt aus Fördermitteln des Bundes. An ihrem Ende gibt es eine Anlegestelle für Dampfer, die aber nicht benutzt werden kann, da die zu ihr hinführende Fahrrinne zu flach ist. Als eine etwas sonderbare Investitionsruine der postsozialistischen Art lädt sie Flaneure ein, die es schätzen, dass klare frische Luft von allen Seiten sie umweht und dass unter ihren Schritten, deutlich sichtbar zwischen den Bohlen, das bewegte Meer schäumt und schillert.

Am Saaler Bodden bei Barnstorf

Manchmal finden auf dem Bodden vor Wustrow Zeesregatten statt. Das Zeesboot ist vermutlich slawischen Ursprungs, es ist kenntlich an seinem braunen Segel und war das auf dem Fischland übliche Gefährt für die Küstenfischer. Die gab es eigentlich mehr in Althagen und Niehagen als in Wustrow, weil Zeesbootfischer Matrosen waren, und in Wustrow lebten die Kapitäne. Zeesbootfischerei war Gemeinschaftswerk, die Boote fuhren meistens zusammen aus. Am Zeesenbaum wurden die Netze ausgelegt, übliches Fanggut waren die einst reichlich vorhandenen Boddenfische Zander, Plieten und Aale. Der Bodden ist inzwischen ein bisschen abgefischt, die wenigen noch verbliebenen Fischer haben alle ihre motorisierten Fahrzeuge, und die Zeesbootregatta vor dem Saaler Bodden vor Wustrow (wie auch die auf dem Bodstedter Bodden vor Prerow, außerdem vor Zingst und vor Barth) dient heute vor allem der Touristen-Unterhaltung.

Hohes Ufer von Wustrow bis Althagen

In Wustrow beginnt seewärts ein Steilufer, das hinführt bis zur alten Ortsgrenze zwischen Althagen und Ahrenshoop, wo es dann ausläuft. Diese Erhebung aus Mergel und Sand, auf der allerlei Gestrüpp wuchert, vor allem Hundsrosen und Sanddorn, in der zu Hunderten Uferschwalben brüten und an deren Fuße ständig das Wasser über Geröll spült, ist einer fortwährenden Veränderung ausgesetzt.
Gleich bei Wustrow stehen parallel zur Küste zwei aus groben Granitblöcken zusammengeworfene Wellenbrecher. Einen ebensolchen

Wellenbrecher trifft man noch einmal in Althagen, und alle übrige Küste ist gekerbt und gegliedert durch die bei Althagen immer wiederkehrenden Doppelreihen aus schwarzen Holzbuhnen, bis weit über Ahrenshoop hinaus und fast den gesamten Weststrand entlang.
Fischland und Vordarß werden unentwegt von der Strömung benagt. Sie trägt die Steilküste ab, um das Abgetragene weiter nördlich an der Darßspitze wieder anzulanden. In früheren Zeiten rechnete man mit einem Rückgang der Fischlandküste um zwanzig Zentimeter pro Jahr. Inzwischen haben die Uferbefestigungsanlagen zu geringeren Rückgängen geführt, und außerdem wird regelmäßig von einem Küstenschiff eine Menge Boden aus dem Meer gepumpt und mittels Rohren und Spülern auf dem Strand wieder entlassen. Das führt dann zu einer vorübergehenden Verbreiterung der Küste, gleichwohl ist auch dadurch der ständige Rückgang des Landes verlässlich nicht aufzuhalten, und weiterhin befindet sich die gesamte Nehrung in fortwährender Bewegung.
Ein Gang über die Höhe des Steilufers lässt landeinwärts eine Erhebung erkennen. Sie heißt Bakelberg und ist der geologisch höchste Punkt auf dem Fischland, wiewohl natürlich die Bezeichnung „Berg" als arge Übertreibung erscheint. Begibt man sich dorthin, hat man den Anblick der See auf der einen und den des Boddens auf der anderen Seite. Es ist ein schönes Bild. Boddenwärts fällt das Land in einer sanften Neigung ab, hat Wiesen, Getreidefelder, Alleebäume und direkt am Boddenufer die Ortschaften Niehagen und Althagen. Sie sind Fischer- und Bauern-

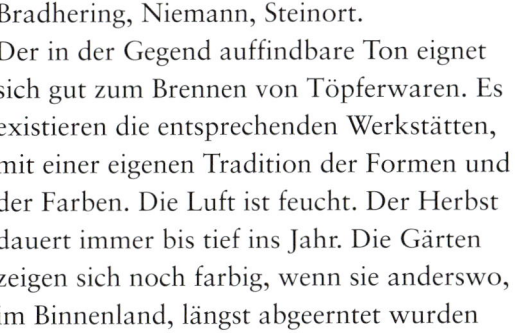

siedlungen, und ein paar Familiennamen kehren in ihnen immer wieder: Fretwurst, Bradhering, Niemann, Steinort.

Der in der Gegend auffindbare Ton eignet sich gut zum Brennen von Töpferwaren. Es existieren die entsprechenden Werkstätten, mit einer eigenen Tradition der Formen und der Farben. Die Luft ist feucht. Der Herbst dauert immer bis tief ins Jahr. Die Gärten zeigen sich noch farbig, wenn sie anderswo, im Binnenland, längst abgeerntet wurden und kahl sind.

Zwischen Niehagen und Althagen liegt unmittelbar am dicken Schilfsaum die Häuserreihe der Fulge, einst ein eigenes Dörfchen. Althagen hat seinen Hafen, in dem die Boddendampfer anlegen und wo zahlreiche Bootshäuser für private Segelboote stehen, wo es aber auch Stege für den letzten noch tätigen Althäger Fischer gibt. Der Hafen war bis 1990 ein etwas verwahrlostes Gelände, hat sich freilich inzwischen, durch allerlei Neubauten, in einen hübschen Platz verwandelt, mit einem Gebäude, in dem es auch Übernachtungsbetten gibt, vor allem aber eine Fischgaststätte, denn die Person des Besitzers ist identisch mit jener des letzten Althäger Fischers.

Auch sonst wird sowohl in Althagen wie in Niehagen sommers reichlich an Badegäste vermietet. Es gibt entsprechende Häuser und Häusergruppen von vielerlei Ausstattung zwischen bescheiden und rustikal-mondän. Allen diesen Unterkünften ist gemeinsam, dass sie, wie Althagen und Niehagen selber, zum Bodden hin gelegen sind, wo wegen des dicken Schilfgürtels und der vielen darin nistenden Insekten das Schwimmen fast

unmöglich ist. Man muss demnach die Chaussee überqueren und auf einer der dort angebrachten Holztreppen das Steilufer hinabklettern bis zum Strand, um sich den Genuss des üblichen Badevergnügens zu verschaffen.

Da haben es die Bewohner der jenseits der Fischlandchaussee auf dem Steilufer befindlichen Sommerhäuser näher. Die gesamte Kolonie aus etwa hundert Gebäuden wuchs im Wesentlichen zwischen den dreißiger und siebziger Jahren des letzten Jahrhunderts und war ursprünglich gedacht für Lieblinge des jeweiligen politischen Systems, nämlich für Offiziere und Wirtschaftskapitäne des Dritten Reiches, hauptsächlich aber für die staatsfromme Kulturschickeria aus der alten DDR. Die Häuser sind inzwischen eingewachsen in dicke Sanddornhecken und bieten, wie sie da stehen, das rührende Flächendenkmal einer gründlich untergegangenen und keinesfalls rührenden Zivilisation.

Das Fischlandhaus in Wustrow

Segler mit gelohtem Segel im Hafen von Wustrow

Landschaft bei Barnstorf

Allee und Rapsfeld bei Althagen

Zwischen Wustrow und Althagen: Hohes Ufer

29

Blick vom Hohen Ufer bei Ahrenshoop auf die Ostsee

Der Althäger Hafen mit seinen wieder errichteten Bootshäusern

Unentwegt nagen Strömung und Wellen an der Küste.

Künstlerkolonie Ahrenshoop

An Ahrenshoop hängt seit einhundert Jahren der Ruch und Ruhm einer Künstlersiedlung, was jedenfalls dazu geführt hat, dass dieser Ort aus seiner einstigen Armseligkeit und weitgehenden Anonymität herausgehoben wurde, um schließlich in den Rang einer förmlichen Nobelsiedlung aufzusteigen. Vorher hatte der Beiname Powerdörp gelautet, Armendorf, denn während die benachbarten Ortschaften im mecklenburgischen Fischland, Althagen und Niehagen am Wohlstand der Fischländer Segelschifffahrt ihren Anteil nahmen, herrschte hier immer bloß die allgemeine vorpommersche Bedürftigkeit. 1311 findet sich die allererste urkundliche Erwähnung einer einzelnen Hofstelle namens Arneshop. Damals existierte noch der Loop, also die andere natürliche Recknitzmündung neben dem Permin in Wustrow, und der Pommernherzog Bogislaw, sechster seines Namens, kam auf den Einfall, diese Wasserrinne zu vertiefen und für den Schiffsverkehr brauchbar zu machen. So entstand der Darßer Kanal, und zu seinem Schutze errichtete man eine Burg. 1395 wurden beide wieder zerstört, von den Rostockern, die in Bogislaws Unternehmen eine nautische Konkurrenz witterten. Jahrhundertelang fand der Flecken kaum noch eine Erwähnung, diente Ende des Mittelalters wohl als Vitte, das war ein Zwischenlager für die Küstenfischer und andere Seefahrer, und wurde 1698 von den schwedischen Landvermessern bloß als der Platz von ganzen zwei Wohnstellen erwähnt. Später siedelten sich ein paar Segelschiffer an, wohnten Heringsfischer neben Bauern, Heidereitern und Förstern, und dann gab es sogar ein Schulhaus, wenn auch keine Kirche, denn zum Gottesdienst begaben sich die Ahrenshooper nach Wustrow, wie sie auf dem dortigen Friedhof lange Zeit auch ihre Toten beisetzten. Der Aufstieg von Ahrenshoop erfolgte erst um 1890. Der Grund für den Aufstieg war, paradox genug, Ahrenshoops beträchtliche Rückständigkeit.

Das Jahrzehnt vor dem *fin de siècle*, also der Wende zum 20. Jahrhundert, war in Europa die Zeit der Künstlerkolonien. Eine neue Generation von Malern floh die Großstadtateliers und zog in die Natur, suchte sich die Motive seiner Bilder unter freiem Himmel und lebte nach den Normen der eben in Mode befindlichen Lebensreform. Eine berühmte deutsche Künstlerkolonie war zum Beispiel Dachau, vor den Toren von München, oder auch Worpswede, in der Nähe von Bremen. Mecklenburg hatte so etwas in Schwaan, und Ahrenshoop sollte die wichtigste Künstlerkolonie von Vorpommern werden.

Das kam immer auch dem Badebetrieb zugute, der hier lange nicht mondän oder modisch werden wollte, vielmehr lieber auf dem lebensreformerisch Einfachen beharrte, sich damit einen gleichsam handgewebten Stil erschuf und eine unerschütterlich treue Klientel heranzog. Johannes R. Becher, der Staatsdichter und erste Kulturminister der einstigen DDR, verliebte sich in Ahrenshoop und wählte sich das Dünenhaus am Schifferberg, wo sich, nach seinem Tode, eine staatliche Organisation namens Kulturbund ausbreitete.

Becher zog Schriftstellerkollegen wie Bodo Uhse und Bertolt Brecht nach. Er sorgte vor allem dafür, dass der feriale Massenbetrieb

Johannes R. Becher in Ahrenshoop, 1952

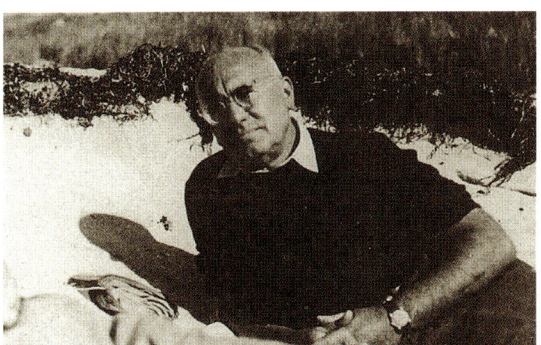

Ahrenshoop, die „Bunte Stube" in den 50er Jahren

der Staatsgewerkschaften außen vor und das Ortsbild dadurch einigermaßen intakt blieb. Ahrenshoop kam über die dramatischen Ereignisse nach dem Herbst 1989 hinweg und ist mittlerweile wieder die nach Hiddensee edelste Bäder-Adresse an der gesamten mecklenburgisch-vorpommerschen Ostseeküste.

Der Ort ist eher klein und besteht hauptsächlich aus einer vielbefahrenen Durchgangsstraße. Historische Bauzeugnisse finden sich nurmehr in Althagen. Der einstige Sitz einer Sommerschule aus Zeiten der Künstlerkolonie, das Haus Lukas an der Dorfstraße, dient heute abermals als Künstlerhaus: Es ist Eigentum des Kulturfonds, einer Einrichtung der fünf neuen Bundesländer; Maler und Autoren, auch solche aus dem Ausland, erhalten hier einen bezahlten Aufenthalt auf Zeit, haben Muße zum Arbeiten, und in unregelmäßigem Abstand stellen sie ihre Ergebnisse der Ahrenshooper Öffentlichkeit vor.

Im Zentrum steht mit dem Kunstkaten ein Ausstellungshaus für die bildende Kunst anderer, und auch Schriftsteller und Schauspieler dürfen dort gastieren. Der Kunstkaten trat die Nachfolge eines Verkaufsgebäudes

an, das einst die Arbeiten der Künstlerkolonisten anbot und das irgendwann abbrannte. Es gibt die Strandhalle, die gleichfalls wechselnde Ausstellungen zeigt. Es gibt die „Bunte Stube", eine Mischung aus Buchhandlung, Kunstgewerbeladen und Verkaufsgalerie, ein Traditionsunternehmen und unübersehbar wegen seiner Außenhaut, die den Stil der zwanziger Jahre zitiert. Die Galerien und Ausstellungsflächen haben sich während der neunziger Jahre sprunghaft vermehrt, es gibt deren inzwischen ein reichliches Dutzend, und dies bei einer Ortschaft von nicht viel mehr als 800 ständigen Einwohnern; gezeigt wird zum Zwecke des käuflichen Erwerbs vom Postkartenkitsch bis hin zur Gegenstandslosigkeit ziemlich alles, was die letzten hundertfünfzig Jahre Kunstgeschichte an Stilrichtungen hervorgebracht haben.

Dann gibt es noch die Kirche, einen Holzbau von 1951, der in seinem Inneren die Gestalt eines kieloben gestellten Bootes hat. Es handelt sich hierbei um die erste Arbeit des hernach zu einigem Ansehen gelangten Architekten Hard-Walther Hämer. Die Inneneinrichtung schuf Doris Oberländer, eine Bildhauerin, und es gibt vier Votivschiffe, die von Heinrich Voß stammen, einem Ahrenshooper

Kapitän. Auf dem Friedhof gleich daneben befinden sich die Gräber von ein paar Prominenten. Eines ist das des Rostocker Verlegers Peter E. Erichson, neben dessen Grabstein, so geht jedenfalls die Legende, häufig eine halbvolle Schnapsflasche steht.

Alles begann damit, dass Paul Müller-Kaempff, Kunstmaler des Geburtsjahrganges 1861, von Wustrow aus das Fischland erwanderte, so auch zum Vordarß gelangte und Ahrenshoop entdeckte. „Wir hatten von seiner Existenz", schrieb er später, „keine Ahnung und blickten überrascht und entzückt auf dieses Bild des Friedens und der Einsamkeit. Kein Mensch war zu sehen, die altersgrauen Rohrdächer, die grauen Weiden gaben dem ganzen Bilde einen Zug tiefsten Ernstes und vollkommener Unberührtheit ..." Müller-Kaempff siedelte sich 1892 in Ahrenshoop an und veranstaltete Sommerkurse für betuchte Eleven. Meist waren sie weiblichen Geschlechts. Seinem Beispiel folgten andere Maler wie Wachenhusen und Richter-Lefensdorf. Sie waren allesamt Anhänger eines späten Realismus und eines vorsichtigen Jugendstils. Es gibt von ihnen zahlreiche Bilder mit Motiven von Ahrenshoop, dem Fischland, dem Darß, der See, hübsch anzuschauen und

meist ohne ästhetische Erheblichkeit. Denn sie waren nicht durchweg bedeutend. Das Mittelmaß triumphierte. Die meisten Namen, wie Gerresheim, von Eicken, Woermann (alle drei Damen), finden sich in Kunstgeschichten kaum. Paul Müller-Kaempff, Gründer der Kolonie, beendete seine Karriere und sein Leben in einem anderen Ostseebadeort, Graal-Müritz, wo er sich seinen Unterhalt mit der Herstellung von Ansichtspostkarten verdiente. Sein Ende ist geeignet, etwas über die ästhetische Kraft und das berufliche Schicksal der auf dem Fischland tätigen Kunstmaler auszusagen. Ein in Ahrenshoop seit 1990 tätiger Förderverein hat sich gleichwohl daran gemacht, die erreichbaren Bilder von Mitgliedern der Kolonie zu sammeln und gelegentlich auszustellen.

Die Zeit der deutschen Künstlerkolonien war am Vorabend des Ersten Weltkrieges schon wieder vorüber. Es gehört zu den Paradoxien Ahrenshoops, dass es erst da zu einem Ort von wirklich bedeutender Malerei wurde. Alexej von Jawlenski und seine Freundin Marianne von Werefkin besuchten die Gegend. Was Jawlenski schuf, als er 1911 und 1912 hier weilte, waren noch nicht die bekannten Jawlenski-Masken, die zu ihrer Entstehung dieses besonderen Ortes auch kaum bedurft hätten, es waren vielmehr ekstatische Landschaftsporträts, glühende Farben, mit denen der Maler seine neuen Ausdrucksmittel entdeckte und erprobte.

Von Max Pechstein gibt es ein paar selbst gemachte Postkarten aus der Region, versandt an Freunde. Lyonel Feininger war vernarrt in die Motive von Ostseehäfen, Segelschiffen und Meer, doch seine Aufenthaltsorte lagen um Stralsund, und auf den Halbinseln ist er, soweit sich das verfolgen lässt, niemals gewesen.

Dagegen baute sich der ostpreußische Porträtmaler Alfred Partikel an der Dorfstraße von Ahrenshoop ein schönes Haus und holte seinen nahen Verwandten Gerhard Marcks nach, der für mehrere Jahre auf dem Boddenweg in Niehagen ansässig wurde. Fritz Koch-Gotha und Albert Schäfer-Ast, die zwei populären thüringischen Illustratoren, haben auf dem Fischland gewohnt. Die einschlägigen Motive finden sich in ihren vielen gemütvollen Blättern nur unter anderen.

Koch-Gothas Frau Dora Stetter – einige ihrer Arbeiten hängen im Darß-Museum von Prerow – war eine starke Begabung. In ihren besten Arbeiten erinnert sie ein wenig an den jungen Emil Nolde oder an Paula Modersohn-Becker. Warum sie die große Karriere, für die sie eigentlich angelegt war, dann nicht gemacht hat, lässt sich im Nachhinein nur mehr schwer erklären.

Man musste keine Abbilder von Küste, Reetdach und Wellen herstellen, wenn man auf länger in dieser Gegend daheim war oder ist. Das gilt zumal für unsere jüngste Vergangen-

heit, da die fünf neuen Bundesländer eine für viele Jahrzehnte in der DDR politisch indizierte Avantgarde lustvoll nachvollzogen, was heißt: Abstraktionen, Readymades, Installationen, Collagen. Auch in Ahrenshoop finden die von Landesbehörden veranstalteten Kunstaktionen statt. Die aufgestellten Produkte könnten von überall kommen und überall stehen. Dies ist kein Einwand. Es ist die vorurteilslose Feststellung von Tatsachen.

Im Folgenden seien zwei Künstler erwähnt, die heute in Ahrenshoop wirken und die bei allem unzweifelhaften Modernismus und aller formalen Verfremdung den Ort ihres Wirkens in ihren Arbeiten durchaus kenntlich machen.

Die Malerin Gerlinde Creutzburg ist eine Schöpferin abstrakter, auf anmutige Weise filigraner und gleichsam durchsichtiger Blätter, in denen sich Luft, Wasser und Gesteine des Fischlands wiederzufinden scheinen. Der Stil erinnert an Paul Klee, doch die vermittelte Stimmung ist viel weniger depressiv. Dann gibt es noch, auf dem Schifferberg, den Holzbildhauer Jan Jastram. Sein Material sind Schwemmhölzer, Abrissbalken, gefällte Stämme aus dem Darß, die er zu großformatigen, im Regelfall völlig abstrakten, dabei höchst suggestiven Gebilden verarbeitet. Per Material heben sie den Ort ihrer Entstehung heimlich auf.

Wer aufs eher Gegenständliche hält, ist bei Georg Hülße gut bedient. Der gelernte Gebrauchsgraphiker hatte sich zusehends auf Aquarelle verlegt, mit zarten Abbildern von Blumen, Pflanzen und Landschaften des Vordarß. Er stellte sich damit absichtsvoll in

Traditionen, denen auch die Realisten Theodor Schultze-Jasmer aus Prerow und Carl Malchin zugehören.

Der zweite lebte eigentlich in der Mecklenburger Künstlerkolonie Schwaan. Er begab sich immer wieder auf das Fischland, um dort Häuser und Landschaften abzubilden, in einer Manier, die entfernt an Max Liebermann und den frühen Edvard Munch erinnert.

Der Bildhauer Gerhard Marcks hat während seines nicht ganz freiwilligen Aufenthaltes in Niehagen (er floh gleichermaßen vor den Kriegsbombardements wie vor Nachstellungen der Nazis) eine Reihe von Zeichnungen und Holzschnitten mit Motiven der Region geschaffen. Vor seinem Haus standen auch zwei überlebensgroße holzgeschnitzte Figuren von seiner Hand. Sie sind irgendwann verschwunden, Kenner haben sie entwendet.

Der aus Dresden stammende Maler Edmund Kesting wohnte die letzten zehn Jahre seines Lebens im Sommer auf dem Althäger Hohen Ufer. Er, Protegé des expressionistischen Galeristen Herwarth Walden und Freund El Lissitzkys, hatte das bizarre Schicksal, gleich zweimal in seinem Leben offizielles Malverbot zu erhalten: zunächst unter Hitler, wo man ihn entartet nannte, dann unter Ulbricht, wo er als ein Formalist galt. Beide Male brachte er sich als Fotograf durch und erlangte damit immerhin so viel Prominenz, dass sich zuletzt auch die politische und künstlerische Schickeria der DDR von ihm ablichten ließ, bis hinauf zum Diktator Walter Ulbricht.

Heimlich malte er weiter an seinen Bildern, die zwischen einem magischen Realismus und einer konsequenten Gegenstandslosigkeit wechseln. Darß und Fischland sind in ihnen allgegenwärtig. Seit 1990 ist er, spät genug, als der bedeutende Künstler anerkannt, der er war. Seine Bilder hängen heute in den großen Museen Dresdens, Berlins und New Yorks.

Der Kunstkaten, Zentrum des Ahrenshooper Kulturlebens

Der Darß

An Ahrenshoops Ortsausgang nach Norden hin befindet sich ein eingegrenztes Gelände namens Ahrenshooper Wäldchen. Hier wachsen alte Buchen und Kiefern, und hier wächst auch reichlich Ilex, das ist die kalifornische Stechpalme, deren Samen durch die Schifffahrt über alle Ozeane hinweg bis an die Ostseeküste gelangten. Die geologische Wespentaille der Nehrung liegt längst hinter uns. Die Halbinsel wird zusehends breiter und nimmt die ungefähre Gestalt eines unregelmäßigen Vierecks an.

Darß ist ein Wort slawischen Ursprungs. Die Bedeutung ist umstritten, man hat sich auf Wirtschaftswald geeinigt. Der weitaus größte Teil der Insel ist heute noch oder heute wieder bestanden von dichten Waldungen, die teilweise forstwirtschaftlich betreut werden, manchmal aber auch fast wild wachsen dürfen. Zum Bodden hin liegen die Darß-Ortschaften Born und Wieck, und am Nordstrand des Darß und zur Ostsee hin liegt Prerow, von den genannten Siedlungen die größte und wohl auch die bedeutendste.

Der Darß ist zugänglich auf einem vielfältigen System von Wanderwegen. Sie beginnen bei einem der drei genannten Orte und enden fast allesamt an der Küste. Dann existieren noch die in Forsten üblichen Gestellwege, insgesamt 36, es gibt Moore und kleine Binnenseen, es gibt umgestürzte Bäume, die von Moos und Moder zerfressen werden und allmählich zerfallen, und im Spätsommer gibt es eine fürchterliche Stechmückenplage, unter der sich das Darßinnere nur noch bei sehr starkem Wind bewandern lässt.

Der südlichste Eingang zum Darß befindet sich bei Drei Eichen. Es existiert das Forsthaus mit großer Jugendherberge, und große Teile des Waldes waren über Jahrhunderte hin, erst unter den Schweden, dann unter den Preußen, dann unter Hermann Göring, schließlich unter Ulbricht und Honecker, eine Staatsjagd und für das öffentliche Publikum deswegen nicht zugänglich. Der Wald wächst bis unmittelbar ans Wasser, wo sich schlickige Passagen befinden und wo der ständige Küstenwind die dort wurzelnden Bäume zu bizarren Gestalten verzerrt hat, sogenannten Windflüchtern. Anderswo wurden Bäume gestürzt und die Wurzeln freigespült, so dass sie nun bleich aus dem Sand ragen und eine absonderliche Formenwelt ergeben.

Vor allem an diesem Teil des Weststrandes werden heute noch größere Mengen an Bernstein gefunden, vornehmlich nach den Herbst- und Frühjahrsstürmen, in den Spülsäumen, und die werden von den Einheimischen dann systematisch abgelesen. Als Gold des Nordens war Bernstein einst ein begehrtes Tauschmittel, und in den zwanziger Jahren wurde, zunächst in Wustrow, aus Bernstein hergestellter kunstgewerblicher Schmuck feilgeboten, der ein hübscher Erfolg war.

Wie er sich heute darbietet, ist der Darßwald eine relativ junge Erfindung, denn während der gesamten Schwedenzeit und noch das halbe 19. Jahrhundert hindurch wurde er rücksichtslos abgeholzt. 1891 war ein Drittel der heutigen Forstfläche kahl und allenfalls ein Platz für weidendes Vieh. Erst danach erfolgte eine systematische Wiederbepflanzung auf den heutigen Zustand hin.

Das Gelände gilt als geologisch ziemlich genau erforscht, so dass inzwischen auch die

Im Darßer Wald

Darßer Weststrand mit Windflüchtern

Vor dem Naturhafen am Darßer Ort

Phasen und Formen seiner erdgeschichtlichen Entstehung bekannt sind. Man unterscheidet zwischen dem Altdarß, der rund um das Boddenufer liegt und knapp die Hälfte der heutigen Fläche ausmacht, und dem Neudarß, der jüngeren und jüngsten Datums ist und durch die fortwährenden Anlandungen entstand. Man schätzt, dass die letzten drei Kilometer Land in nordwestlicher Richtung sich erst in den letzten dreihundert Jahre gebildet haben.

Die nördlichste Stelle des Darß und der gesamten Halbinselgruppe heißt Darßer Ort. Sie hat die Form eines nach Osten gekrümmten Hakens, dem noch ein Eiland vorgelagert war, die Bernsteininsel. Darßer Ort war während der gesamten Honecker-Jahre für gewöhnliche Besucher nicht zugänglich, denn es befand sich hier ein weiteres Jagdrevier für die höchste Politprominenz, die sich außerdem ihre Refugien gleich nebenan errichten ließ und dort nicht gestört werden wollte. Es handelte sich um eine Siedlung aus Ferienhäusern und Bungalows von allerspießigstem Geschmack, eingebettet in Dünen und Kiefernwald. Als Bauherr und erster Gebieter des gesamten Geländes zeichnete der Armeegeneral Heinz Hoffmann, Erich Honeckers

oberster Soldat. Der Haken bot außerdem Platz für einen kleinen Militärhafen, in dem einige Küstenschutzboote der Volksmarine ankerten. Die ständigen Baggerarbeiten für das Freihalten der Fahrrinne führten dazu, dass der Seegrund in Bewegung geriet und sich die Bernsteininsel in ihren alten Umrissen auflöste.

Am Westrand von Darßer Ort steht schon seit 1848 ein Leuchtturm, ein schönes Backsteinbauwerk, mit 33 Meter Höhe unter seinesgleichen allerdings kein Riese. Zwei Feuer brannten früher auf ihm, ganzjährig, und bis 1983 gab es dort einen Stationsleiter, an dessen Stelle inzwischen eine Automatik arbeitet. Alle 22 Sekunden sendet nächtens die Blitzgruppe ihre optischen Signale aus. Die akustischen Warnungen, die es hier außerdem früher gab und die dem Turm damals den Beinamen Seekuh eintrugen, wurden längst durch eine Radaranlage ersetzt.

Darß-Orte Born, Prerow und Wieck

Der Name Born bedeutet nicht wie anderswo in Deutschland Brunnen, sondern leitet sich her vom slawischen Wort *borina*, Föhrenwald, und spielt an auf die Baumbestände

des Darß. Der Ort steht an der Stelle eines mittelalterlichen Jagdhofes, dem außerdem Ländereien von einiger Ausdehnung zugehörten, so dass hier Bauern siedeln konnten. Zu Zeiten des schwedischen Pommern sollen allerlei erlauchte Personen nach Born gekommen sein, von Oxenstierna bis Stanislaus Leszynski und Zar Peter dem Großen, aber sehr gesichert sind solche Mitteilungen nicht. Die alten Jagdgebäude wurden im Siebenjährigen Krieg geschleift und brachen dann allmählich weg.

Zur Zeit der napoleonischen Kriege lebten in Born um die 650 Menschen, fünf Sechstel von ihnen Leibeigene. Über die bäuerliche Unfreiheit in seiner Heimat hat damals der Vorpommer Ernst Moritz Arndt, selber Kind eines Unfreien, ein Aufsehen erregendes Buch verfasst und derart maßgeblich daran mitgewirkt, dass Schwedisch-Pommern im Jahre 1806 die Leibeigenschaft aufhob. Die entsprechenden Maßnahmen in Preußen und in Mecklenburg erfolgten wesentlich später.

In Born stand später eine Zichorienfabrik, und der Ort hatte seinen Anteil an der Blüte der Segelschifffahrt im 19. Jahrhundert. Deren Ende bedeutete für Born dann keine völlige Verelendung, da weiterhin Landwirtschaft betrieben worden war und betrieben werden konnte und die Borner Äcker die besten auf dem gesamten Darß waren und sind.

Badeurlauber gibt es in Born erst seit dem Jahre 1930, doch längst stehen nun, in vielen Spielarten des Neureichtums, am Ort allerlei Sommerhäuser, hingestellt zwischen die hübschen alten Fischer- und Bauernhäuser. Seit 1935 besitzt Born eine eigene Kirche, aus

Holz errichtet und mit Rohr gedeckt, und wie in anderen Darß-Orten auch finden sich hier entlang den Straßen wiederholt die mit kolorierten Schnitzereien versehenen Haustüren. Zu deren ständig wiederkehrenden Schmuckelementen gehören die aufgehende Sonne, Symbol der glücklichen Heimkehr, wie auch allerlei Blumen und Pflanzen als Sinnbild für die Lebensfreude. Solche Darß-Türen wurden einst von ihren Eignern geschaffen, und es geht diese Art von Handwerklichkeit auf die Segelschifffahrt zurück, wo der Umgang mit Holz und Farbe eine der üblichen Pflichten zur Werterhaltung war. Born ist eine lang gestreckte Siedlung, die sich im Wesentlichen um zwei lange Straßen gruppiert. Der Hafen ist so winzig wie die meisten anderen Boddenhäfen auch. Wer hier seinen Sommerurlaub verbringt, muss eine weite Strecke mit dem Fahrrad oder dem Wagen zurücklegen, querhin durch den Darß, oder er fährt gar mit dem Linienbus nach Ahrenshoop, um am Weststrand seinen Badefreuden frönen zu können.

Gleichwohl ist das Gästeaufkommen nicht unerheblich. Der Ort hatte immer seine Liebhaber, wie den sächsische Solotrompeter Ludwig Güttler, der, in der DDR mit mancherlei Staatspreis ausgestattet, sich im Ort sein Sommerdomizil errichten ließ, oder wie das Mitglied des SED-Politbüros Hermann Axen, der sich in Born eine womöglich noch ausgedehntere Ferienbleibe schuf. Vor 1989 konnte man ihn, nach allen Seiten grüßend, über die Straßen schlendern sehen, bewacht von bulligen Stasi-Männern. Nach der deutschen Wiedervereinigung erwarb sein Besitztum ein Hamburger Millionär, der sich die

Geneigtheit der Borner durch Gratislieferungen von Gänsen zum Christfest erkaufte. Hinter Born zeigt der Bodden sich sehr verengt. Das Festland ist mit einer Landzunge, auf der Michaelsdorf liegt, bis nahe an den Darß herangewachsen. Die derart entstandene Wasserenge trägt den Namen Koppelstrom und wird sich erst wieder bei Wieck weit öffnen zum Bodstedter Bodden. Dazwischen, an der allersüdlichsten Ausbuchtung des Darß, liegt der Flecken Bliesenrade, der einmal zu Born, das andermal zu Wieck gehörte.

Die Darß-Orte betreffend existiert der folgende Dreizeiler:

Die Prerower haben den Strand,
die Wiecker den Sand
und die Borner das Land.

Dies will aussagen, dass es den Prerowern mit ihrem florierenden Badebetrieb und den Bornern mit ihrer extensiven Landwirtschaft noch vergleichsweise gut ergehe, während man in Wieck nicht viel mehr habe als gar nichts, was dann auch an diesem Zweizeiler deutlich wird:

De Wiecker, de Schlieker, de hungrigen Gäst,
de fräten de Borner all Eier ut Nest.

Solch hämische Anspielung auf die Wiecker Armseligkeit ist historisch nicht durchweg begründbar, und bereits der Anblick einiger der alten Häuser, unter ihnen manche mit einer schönen Fachwerktraufe unterm Rohrdach, lassen einen gewissen bescheidenen Wiecker Wohlstand erkennen.

Wieck bedeutet Bucht. 1725 soll es hier viel mehr Schiffe gegeben haben als in dem sehr viel größeren Barth. Wieck hatte ungefähr die gleiche Einwohnerzahl wie Born, und

hier wie dort stand einst ein Jagdhaus, zusätzlich zu einem Krug und einer Fähre. Es befand sich in Wieck außerdem die Schmiede für den gesamten Darß, und deren Produkte waren, unter anderem, die metallenen Schlittschuhe für die Boddenfischer. Wieck hatte einen berühmten Jahrmarkt, und die durch die Segelschifferei bewirkte Konjunktur brachte Wohlstand und Ausdehnung, was aber mit dem Verschwinden der Segelschifferei sein jähes Ende erfuhr, so dass man sich also plötzlich wiederfand als der allerärmste Flecken auf dem Darß. Die Wiecker hatten den Sand.

Von den alten Häusern ist erwähnenswert die Doppelbüdnerei Trommelplatz 1, die bereits von 1784 stammt, und dann hat Wieck noch einen Johann-Segebarth-Weg, so benannt nach dem 1833 hierorts gebürtigen Kapitän und Schriftsteller, Autor des Buches „De Darßer Smuggler". Es ist eine literarische Erinnerung daran, dass im 19. Jahrhundert die zwischen dem mecklenburgischen Fischland und dem preußischen Vorpommern bestehende Zollgrenze fleißig umgangen wurde, auf Booten quer über den Bodden hinweg, und im Winter, wenn der Bodden zugefroren war, auf Schlittschuhen. Ein Hauptschmuggelgut war das Salz, billig eingekauft in Ribnitz und anschließend nach Wieck und Prerow verbracht, vorbei an den Gendarmen und Zollwächtern, die in Born und in Michaelsdorf saßen.

Der riskanteste Abschnitt dieses Schmuggelweges lag bei Born. Es war üblich, dass den Schmugglern von einer Borner Mühle aus mit Lichtzeichen signalisiert wurde, ob ihr Weg frei sei oder nicht. 1868 traten Meck-

Bootsschuppen am Prerowstrom

Die Seemannskirche von Prerow

Einer der vier Thronengel an der Taufkapelle

lenburg wie Pommern dem Norddeutschen Zollverein bei, und fortan war es mit diesem lukrativen Nebengewerbe vorbei. Den Bornern blieb das Land.

Prerow liegt am Prerowstrom, und der Prerowstrom war früher eine durchgehende Verbindung zwischen Bodden und offener See, und genau dies behauptet auch der Name Prerow, der wie die meisten anderen Ortsnamen der Region slawischen Ursprungs ist und Durchbruch bedeutet.

Der Prerowstrom ist heute nur noch ein toter Wasserarm, aber anders als andere Verbindungen zwischen Bodden und Meer, wie der Permin oder der Darßer Kanal, die schon seit dem Hochmittelalter verlandet sind, wurde der Prerowstrom erst im späten 19. Jahrhundert unterbrochen, indem mittels Aufschüttung eine Landverbindung entstand zwischen dem Darß und dem Zingst. Zuvor hatte es da bloß eine Holzbrücke gegeben, und noch früher verkehrten zwischen den beiden Ufern Fährschiffe. Die Aufschüttung hatte nicht zunächst mit der infrastrukturellen Bequemlichkeit zu tun, vielmehr mit der Witterung, denn der Damm war vor allem als Schutz gegen die hier immer wieder wütenden Sturmhochwasser der Ostsee gedacht.

Der Ort Prerow entstand auf beiden Ufern des Prerowstroms. Seine Kirche, lange Zeit zuständig auch für sämtliche anderen Gemeinden auf dem Darß, befindet sich, genau besehen, nicht auf dem Darß, sondern auf dem Zingst. Auf dem östlichen Ufer gibt es dann auch noch das älteste historische Siedlungszeugnis von Prerow, dat oll Slat geheißen, mit korrektem Namen Hertesburg oder Herzburg und heute nicht mehr als ein Erdhügel, der unter Denkmalschutz steht. Die Hertesburg war eine militärische Befestigungsanlage zur Überwachung dieser Wasserstraße, und sie war zugleich ein Jagdschloss. Sie verwaiste ausgangs des Mittelalters, bis sie dann vollständig zerfiel.

Prerow nahm entsprechend seiner Größe einen besonders nachdrücklichen Anteil an der Segelschifffahrt, obwohl die Ursprünge des Ortes eher mit der Landwirtschaft zu tun hatten und Prerow in seinen Anfängen ein Bauerndorf war. Die ältesten Ortsteile heißen Drümpel (was „Haufen" bedeutet), Krugberg und Krabbenort. Der Krugberg war Sitz des Prerower Schulzen, der zugleich das Schankrecht besaß, und es ist erwiesen, dass seine Abgaben ziemlich hoch ausfielen, seine Umsätze also einigermaßen reichlich flossen.

Der relative Wohlstand Prerows im 19. Jahrhundert kam mit der Schifffahrt, und es zeugen davon noch die Kapitänshäuser, deren es mehrere gibt. Das meistbesuchte Bauwerk von Prerow ist aber die Kirche, ältestes und schönstes von allen Gotteshäusern auf dem Darß.

Sie wurde von 1726 bis 1728 errichtet, an der Stelle eines früheren Bauwerks, das etwas tiefer stand und deswegen bei Sturmfluten öfter ins Wasser geriet. Die Kirche von Prerow befindet sich, wie schon vermerkt, nicht auf dem Darßer Ufer, sondern auf jenem des Zingst, und dieser Standort wird nun damit erklärt, dass die theologische Versorgung des Ortes von Kloster Hiddensee aus erfolgte, zu dessen Landbesitz der gesamte Zingst einst gehört hat. Der Neubau aus dem 18. Jahrhundert wurde dann an den überhaupt höchsten Flecken von Prerow gesetzt, und nie mehr würde er von den Sturmfluten erreicht werden.

Die Kirche ist ein Backsteinbau, immer wieder instand gesetzt, das letzte Mal im Jahre 1985, wobei die heutige Farbgebung auch erst aus jener Zeit stammt, freilich adäquat dem ursprünglichen Zustand. Es gibt viel Holz im Inneren: Bänke, Empore, Säulen, Karyatiden. Das Gotteshaus ist also eine Seemannskirche, wofür schon das Bild über dem südlichen Eingang steht, mit einem Anker und mit dieser Inschrift:

Muss gleich mein junger Leib in tiefer See ertrinken,
lässt dieser Anker doch die Seele nie versinken.

Das Bild wurde vom Vater eines dänischen Schiffers angebracht, der nahebei während eines Schiffsunglücks in den Fluten umkam. Nach einer Havarie, die vergleichsweise glimpflich endete, denn die Schiffsmannschaft wurde von den Prerowern aufgefischt, schenkten die Geretteten der Kirche zum Dank einen Kronleuchter. Von der Kirchendecke hängen außerdem allerlei Schiffsmodelle, während der vergangenen Jahrhunderte von Prerowern gestiftet, als ältestes jene Fregatte, die der nach London ausgewanderte Peter Kraeft geschnitzt und 1780 in die Heimat geschickt hat.

Das Taufgehäuse wird von mehreren hölzernen Gestalten getragen, denen zwar Flügel gewachsen sind, was sie als Engel ausweist, die aber in Ausdruck und Farbgebung ihre nahe Verwandtschaft mit den Galionsfiguren von Segelschiffen nicht verleugnen können. Sie stammen aus der Bildschnitzerwerkstatt von Michael Müller aus Stralsund, ihr Herstellungsjahr ist 1740. Rings um die Kirche sind dann zahlreiche alte Grabsteine versammelt, von denen viele Nautisches im Dekor zeigen.

Zur Schifffahrt gehörten stets auch die Schiffsunglücke, wie die Prerower Kirche drastisch mitteilen will. Doch hatte der Ort Prerow von solchen Havarien nicht nur Ungemach, immer vorausgesetzt, das Schiff und seine Seeleute stammten nicht aus Prerow. Dann nämlich war es so, dass angelandetes Schiffsgut zu guten Teilen denen gehörte, die es fanden und auflasen, und der Umsatz in Prerows Dorfkrug scheint sich durchaus auch dem Prerower Strandgut verdankt zu haben.

Erzählt wird gern die Anekdote von dem verstorbenen Prerower, der Einlass in den Himmel begehrt, aber zunächst nicht findet, weil schon zu viele Prerower darin sitzen. Da öffnet er ein wenig die Pforte und brüllt: „Schipp up Strand!" Sofort findet er Platz genug, denn die anderen Prerower sind allesamt auf und davon, um nach Strandgut zu suchen.

Die Havarien wurden weniger nach dem Bau des Leuchtturms am Darßer Ort. Gänzlich sind sie niemals ausgeblieben, und Prerow hat durchaus viele Verdienste um die Rettung Schiffbrüchiger. Erwähnt sei der Prerower Kapitän Johann Niemann, der noch als Siebzigjähriger dreizehn Menschen aus Seenot errettete, und es wird ihm, gleichsam als komplementäre Handlung dazu, außerdem eine große Emsigkeit beim Bergen von Strandgut nachgesagt. Unübertroffen jedenfalls waren sein Mut und sein Einsatz, kenntlich an diesem Ausspruch, den er einmal im Augenblick höchster Gefahr tat: „Entweder wi halen all, ore wi bliewen all."

Vieles aus der Geschichte Prerows dokumentiert das Darß-Museum, das sich heute in der Waldstraße befindet. Es wurde nach dem Zweiten Weltkrieg gegründet, entstand aus kleinen Anfängen und besitzt zahlreiche Exponate zur Natur- und Kulturgeschichte, zur Volkskunde und zur Kunst, worunter sich, wie erwähnt, zahlreiche Bilder der vorzüglichen Dora Stetter befinden.

Prerow habe den Strand, heißt es im zitierten Dreizeiler. Der Prerower Nordstrand ist in der Tat einer der schönsten, breitesten und ausgedehntesten aller deutschen Ostseebäder, und entsprechend wird er genutzt. Der Badebetrieb von Prerow ist relativ alt, denn er geht zurück schon aufs Jahr 1878 und auf

einen Gastwirt namens Hermann Scharmberg, der als erster bei den zuständigen Behörden um die Einrichtung eines Seebades einkam. 1881 wurden dann 231 zahlende Gäste gezählt, aus denen 1910 bereits 3630 geworden waren, und zu DDR-Zeiten zählte man pro Saison um die 80 000.

Es gibt in Prerow Pensionen, Sommerhäuser, Ferienwohnungen, Hotels, und ständig kommen neue hinzu. Die Seebrücke ist, wie ihr Wustrower Geschwister, ein Produkt der Nachwendezeit und wurde aus gesamtstaatlichen Fördermitteln bezahlt. Zu ihr hin führt eine kleine Ladenstraße, mit Geschäften für Nützliches und Überflüssiges, für Speisen und Getränke, für Kunst und für Tinnef. Parallel zum Strand verläuft ein Damm, der begrünt ist, auf dem man Rad fahren kann und über dem die Äste von schönen alten Bäumen hängen. Dieser Weg führt hin zu den Campingplätzen.

Sie umfassen ein riesiges Gelände, das sich bis tief hinein in einen Kiefernwald erstreckt. Das Camping in Prerow besaß in der alten DDR einen geradezu mythischen Ruf, denn es war, entgegen aller stalinistischen Prüderie der frühen Jahre, eine der ehernen Bastionen des Nacktbadens. Als die Staatsmacht indizierend eingreifen wollte, wurde nicht etwa nachgegeben, sondern man beging trotzig etwas, das den Namen Kamerun erhielt: eine Art von gigantischer Nackedei-Fete, bei der sich ansonsten brave Bürger des deutschen Arbeiter- und Bauernstaates in Rousseausche Wilde verwandelten. Zu plärrender Musik vom Tonband wurden komische Massentänze zelebriert. Die Staatsmacht sah es, erlahmte und ließ von ihren Zivilisationsbemühun-

Das Darß-Museum in Prerow

Kapitänsbilder und Schiffsmodelle

Die Seebrücke von Prerow

gen schließlich ab. Unter Erich Honecker ging es dann etwas weniger prüde zu als unter seinem Vorgänger Ulbricht. Dem Campingplatz von Prerow blieb sein Mythos als Ort eines Widerstands, der zwar nicht politisch gewesen war, aber sich im Nachhinein ganz gut politisch interpretieren ließ.

Neben den unmittelbaren Vergnügungen des Badelebens wird zur Zerstreuung der Zugereisten das Fest des Tonnenschlagens veranstaltet. Hierbei handelt es sich um etwas, das auch in Ahrenshoop, Born, Wieck und Wustrow betrieben wird, alle Jahre wieder, an einem Sonntag im Hochsommer. Es treten Reiter an, die in örtlichen Vereinen organisiert sind und auf dem Festplatz mit ihren besonderen Fahnen aufziehen, zu dröhnender Blasmusik. Anschließend müssen sie, einer nach dem anderen und immer wieder, mit ihren Tieren einen hölzernen Rahmen durchqueren, von dessen oberem Querbalken an Seilen eine leere Heringstonne herabhängt. Die Reiter müssen aus dem Sattel heraus mit einem Hartholzknüppel gegen die Tonne einen Schlag führen, einer nach dem anderen und immer wieder. Nach ein paar Stunden Prügelei ist von der Tonne nur mehr ein Stückchen Boden übrig, und wer mit sei-

nem Schlag den allerletzten Splitter von der Leine herunterholt, ist Tonnenkönig, wird bejubelt und muss anschließend alle Beteiligten freihalten, was ihn viel Geld kostet.

Der Ursprung dieses etwas derben Vergnügens lässt sich nicht mehr feststellen. Man hat zum Beispiel Slawisches vermutet, doch gibt es ähnliche Bräuche im slawenfernen Dänemark und in Dithmarschen, aber auch im österreichischen Kärnten, wo es nun freilich wieder Slawen gab und gibt.

Für Vorpommern scheint die Sache noch vergleichsweise jung zu sein, denn das älteste Zeugnis stammt erst von Ernst Moritz Arndt, also vom Anfang des 19. Jahrhunderts. Anfangs durften nur unverheiratete Männer teilnehmen, einen guten Leumund mussten sie außerdem aufweisen, und dies legt die Vermutung nahe, dass wir es ursprünglich mit einem Ritual der Brautwerbung zu tun haben.

Blick vom Leuchtturm Darßer Ort

Der Leuchtturm Darßer Ort

Windflüchter am Darßer Weststrand

Hafen am Darßer Ort

Morgenstimmung am Prerowstrom

Segler auf dem Prerowstrom

Am Hafen von Wieck

Der Zingst

Martha Müller-Grählert, geboren 1876, stammte aus Barth, lebte lange als Zeitungsredakteurin in Berlin und eine Zeit lang sogar in Japan, wurde dann aber 1939 in Zingst begraben. Außer dem Journalismus hat sie etwas Heimatschriftstellerei betrieben, und so verfasste sie 1908 den Text „Mine Heimat", den später der Komponist Simon Krannig vertont hat und der anhebt mit den Worten „Wenn die Ostseewellen trecken an den Strand ..." Aus den Wellen der Ostsee wurden, gegen Frau Müller-Grählerts Absichten, bald jene der Nordsee, und in solcher Fassung war dem Lied schließlich ein hübscher Erfolg beschieden, besonders zu Zeiten der Hitlerei, und dass es sich hier eigentlich und ursprünglich um einen Hymnus auf den Zingst handelte („Sehnsucht na dat lütte / Kahle Inselland"), wusste und weiß kaum noch einer.

Der Zingst ist zunächst die große Halbinsel jenseits des Prerowstroms. Mit ihrem östlichsten Zipfel liegt sie unmittelbar südlich von Hiddensee, und es sollen Zingst und Hiddensee einst sogar eine geschlossene Landgruppe gewesen sein, über die heutigen Inseln von Großem Werder und Bock verbunden und auseinander gerissen erst durch mehrere große Sturmfluten im Hochmittelalter, von denen sich die entscheidende am 1. November 1304 ereignete. Die Fischer sollen sich noch lange danach an den untergegangenen Baumstümpfen ihre Netze zerrissen haben. Über die politikgeschichtlichen Ursprünge ist zu sagen, dass Witzlaw II. von Rügen den Zingst 1296 an die Zisterzienser verkaufte, die sofort mit Rodungen anfingen, um eine Kapelle zu errichten. 1441 verkauften sie ihrerseits die Halbinsel an Herzog Barnim von Pommern.

Was das Wort Zingst bedeutet, weiß niemand exakt zu sagen. Man hat den slawischen Begriff *seno* bemüht, was Heu heißt, und Zingst als Heuort übersetzt. Die Halbinsel war immer sehr dünn besiedelt. Das alte Dorf Zingst war erst ein erfolgreicher Herkunftsort für Segelschiffe, um anschließend, darin ähnlich Prerow, ein erfolgreiches Ostseebad zu werden.

Es gibt in Zingst ein paar bemerkenswerte alte Bauten, etwa die turmlose Dorfkirche, die im vorigen Jahrhundert der Schinkelschüler Stüler erbaut hat. Es gibt außerdem ein hübsches Heimatmuseum, und es gibt inzwischen große Hotel- und Gaststättenunternehmen. Längst wurde ein Deich errichtet

Das Heimatmuseum in Zingst

„Kleiner Weg" – Gemälde (1972) von Kurt Klamann

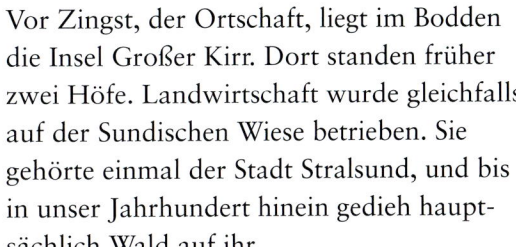

Kapitänsbild der „Hedwig von Barth"

gegen die Sturmfluten, mit Durchgängen zu dem schönen Sandstrand hin. Er ist nicht so breit wie der Nordstrand von Prerow, breiter als der Weststrand von Ahrenshoop und Wustrow ist er immerhin.

Zingst ist die sozusagen die städtischste von allen Ortschaften auf der Halbinselgruppe, mit breiter Geschäftsstraße und erkennbarem Verwaltungszentrum, und von allen Häfen, die auf den Bodden hinausführen, ist der von Zingst am großzügigsten angelegt und in seiner Ausdehnung am größten. Hier legen außer den üblichen Boddenkreuzschiffen auch die Dampfer nach Rügen und Hiddensee ab, die entsprechend den Wettern, die sie auf freier See antreffen können, besonders groß und stabil sein müssen. Der Zingster Hafen liegt am Rande des Ortes in einem eigenen Quartier, das sich im Zeichen der Marktwirtschaft mit einer Ferienwohnanlage im Stil der Postmoderne versorgt hat. Bereits seit dem Jahre 1909 existiert eine Brücke, über die das Festland zu erreichen ist, nämlich bei dem Ort Bresewitz, wo es früher einen Hafen für die Fähren nach Zingst gab. Die Straße führt dann weiter bis nach Barth, das dem hier befindlichen Abschnitt des Bodden seinen Namen gab.

Vor Zingst, der Ortschaft, liegt im Bodden die Insel Großer Kirr. Dort standen früher zwei Höfe. Landwirtschaft wurde gleichfalls auf der Sundischen Wiese betrieben. Sie gehörte einmal der Stadt Stralsund, und bis in unser Jahrhundert hinein gedieh hauptsächlich Wald auf ihr.

1902 verkaufte Stralsund das Gelände an einen Baron von Klot-Trauvetter, der es zwei Jahre später, entsetzt über die hier herrschende Witterung, an den preußischen Grafen Eulenburg weitergab, Intimus Kaiser Wilhelms II. und Verfasser süßlicher Rosenlieder. Der spekulierte auf eine Verkehrsverbindung durch den Zingst, die aber nie zustande kam, und so wurde nächster Besitzer der Berliner Zeitungszar Rudolf Mosse. Er wollte Pflanzen zur Zelluloseherstellung anbauen, doch die Sache blieb ohne bedeutendes Resultat. Daraufhin verkaufte er an den Industriellen Hugo Stinnes, der vor allem Bäume abholzen ließ. Es gab daneben Meliorisierungs-bemühungen, und Windrotoren wurden aufgestellt, während die alten Pachthöfe, längst verlassen und verfallen, mit staatlichen Stützungsgeldern reaktiviert werden sollten. Schließlich, ab 1937, diente die Sundische Wiese als Schießplatz und als Übungsgelände

Neubau eines rohrgedeckten Hauses/Zingst

Der Zingster Hafen

Naturbeobachter auf dem Barther Bodden

für die Bombenabwürfe der reichsdeutschen Luftwaffe von Hermann Göring.

In solcher Eigenschaft kam das Gelände über den letzten Krieg. Es wurde jetzt erst einmal Viehfutter angebaut. Honeckers Nationale Volksarmee, als es sie dann gab, fasste auf dem alten Bombengelände Fuß, und nach der deutschen Vereinigung wollte die Bundeswehr das Areal übernehmen, worauf es Bürgerproteste hagelte, denn auch der Zingst gehört seit 1990 zum neugeschaffenen Nationalpark Vorpommersche Boddenlandschaft. Das Bundesverteidigungsministerium zierte sich noch bis zum Herbst 1992, ehe es seine Entscheidung zugunsten der Natur und gegen das Militär fällte.

Das Terrain ist, wie es immer war: riesig, flach, melancholisch, mit sauren Wiesen, mit Schilf, mit Wasservögeln und mit Möwen. Um die Landwirtschaft steht es übel. Die Böden sind schlecht und unergiebig, die Massentierhaltung stiftete mehr Schaden als sie Gewinne bringen konnte. Inzwischen kann man sich Fahrräder ausleihen und mit ihnen die Insel erschließen: eine flache eintönige Topographie, deren karge Natur sich von den militärischen Heimsuchungen allmählich erholt.

Nationalpark

Zu den glücklichsten Taten der untergehenden DDR gehörte die Einrichtung der Nationalparks. Die Wirren des Umbruchs sowie das euphorische Gefühl, auf einer Art Höhepunkt des Zeitgeistes zu agieren, beflügelten jenen Entschluss, der schon ein paar Monate später in solcher Form wohl nicht mehr zu verwirklichen gewesen wäre, denn die alten Strukturen der Bundesrepublik Deutschland hätten ihn scheitern lassen. So aber kam es zu jenem Gesetz, das den in der alten DDR-Bürgerrechtsbewegung stark repräsentierten Umweltschützern einen verdienten Sieg bescherte und der grünen Bewegung einen der größten Erfolge, den sie im deutschsprachigen Raum bis heute zu verzeichnen hat. Einer der ostdeutschen Nationalparks heißt Vorpommersche Boddenlandschaft. Er beginnt hinter Ahrenshoop und umfasst die gesamte Wasser- und Uferregion von Saaler, Bodstedter und Barther Bodden bis hin zur Insel Hiddensee.

Als Einrichtung, die sich ihre Regeln erst schaffen musste, durch internationalen Vergleich ebenso wie durch ständig an der Wirklichkeit orientierte Selbstbestimmung, stieß

Himmel, Wolken, weites Land ...   Kraniche vor Groß Mohrdorf   Küste am Pramort mit Blick auf Hiddensee

die Sache zunächst ebenso auf Zustimmung wie auf Gegnerschaft der betroffenen Bevölkerung. Vielfach ließ sich vernehmen, man habe die Sperrgebiete der alten DDR-Nomenklatura 1989 nicht gestürmt, um nun an die anderen Hindernisse des Nationalparks zu stoßen.

Gleichwohl sind die allerärgsten Konflikte mittlerweile beigelegt. Die Nationalparkverwaltung existierte und wurde in der Handhabung ihrer Aufgaben merklich sicherer. Das touristische Argument, das die Existenz eines Nationalparks unter anderem bedeutet, greift zusehends und auch zum ökonomi-

schen Nutzen der einheimischen Bevölkerung. Die Züge der Kraniche, die im Frühjahr und Herbst hier Station machen, locken fachkundige Beobachter an, und von denen gibt es in Europa sehr viele. Man hat ihnen eigene Beobachtungstürme errichtet. Die Sache ist auf gutem Wege, zu einem Massenspektakel zu werden, Omnibusunternehmer locken damit und schütten auf dem Zingst ihre Gäste aus, die dann zusehen, wie die schwarzen Vögel aus dem riesigen Himmel fallen und lärmend ihre Plätze aufsuchen zwischen Wiesen und Schilf.

Sonnenuntergang vor Zingst

Strand und Seebrücke von Zingst

„Wo die Ostseewellen trecken an den Strand ..."

Idylle pur: das blaue Schipperhaus, Ostseeheilbad Zingst

Hier möchte man Urlaub machen ...

Blick auf die Insel Große Kirr

Naturbelassene Landschaft im Nationalpark

Kraniche – Vögel des Glücks

Von Katen, Kirchen und anderen Besonderheiten

Die Architekturen von Fischland, Darß und Zingst, der Küstenstädte Barth und Ribnitz-Damgarten zeigen Sakralbauten aus sieben und Profanbauten aus zwei Jahrhunderten. Am ältesten sind die beiden Stadtkirchen in Barth und Ribnitz, backsteingotische Gotteshäuser aus der Zeit der hochmittelalterlichen Kolonisation und der Hanse. Die baulichen Eigenheiten beider Städte sind im Übrigen austauschbar mit anderen aus der Küstenregion. Was die zwei Marienkirchen anlangt, so ist unzweifelhaft, dass sie den Vorbildern der großen Kathedralen in Städten wie Lübeck, Stralsund und Wismar folgen. Üblicherweise sind die Vorbilder selbst noch in den Dorfkirchen erkennbar. Die Halbinseln bieten nichts dergleichen. Ihre älteste Sakralarchitektur ist die Seemannskirche von Prerow: ein Zeugnis protestantischen Bauens im Zeitalter des niederdeutschen Barock. Die anderen Gotteshäuser entstanden noch später und erzählen jedes auf seine Weise von den zunehmenden ästhetischen Schwierigkeiten sakraler Architektur unter überwiegend säkularen Umständen.

Die Grundmuster bäuerlichen Wohnens in der Region wurden schon genannt. Dies sind zunächst der Hof und der Katen. Das erwähnte Freilichtmuseum von Klockenhagen präsentiert eine gesamte Palette von bemerkenswerten Beispielen, wobei bedacht sei, dass die Exponate nicht durchweg vom Fischland stammen. Der Bauernhof folgt dem niedersächsischen Muster, alles, nämlich Wohntrakt, Stallung und Scheuer, unter einem Dach zu vereinen. Das schließt die Existenz von Nebengelassen nicht durchweg aus.

Der Katen übernimmt die Eigenarten des Bauernhauses im kleineren, weil ärmeren Maßstab. Er ist auch die ursprüngliche Behausung der Küstenfischer.

Die Bauweise war Fachwerk und Lehm. Das Fachwerk lässt seine niedersächsischen Ursprünge erkennen, ist aber entschieden schlichter. Schnitzereien an den Balkenköpfen und die dekorative Anordnung der Balken zu bedeutsamen Mustern fehlen fast völlig. Die Haustür ist manchmal eine Klönschnacktür: der obere Teil lässt sich separat öffnen, um nachbarliche Gespräche zu ermöglichen.

Beim dritten Gebäudetyp, dem Kapitänshaus, handelt es sich um zweistöckige Ziegelbauten, die Anordnung zum Reihenhaus ist häufig. Das Dach ist meist flach. Bauernhaus und Katen haben Reetdächer.

Die Umwidmung der Orte in Seebäder fällt in eine Zeit baustilistischer Unsicherheit. Die Strandstraßen in Wustrow und Zingst zeigen jene auch aus anderen Orten geläufigen Imitationen klassizistischer Herrschaftsvillen, deren Zweck es ist, Pensionszimmer feilzubieten. Daneben existieren die dem Vorbild südenglischer Badeorte nachempfundenen Hotelbauten aus dem Geiste von Regency und Victorianism. Was das zwanzigste Jahrhundert hinzugefügt hat, offeriert dann so ziemlich sämtliche Moden zwischen Historismus und Funktionalstil, und die seit der deutschen Wiedervereinigung über den Landstrich hinwegrollende Welle der Neuinvestitionen liefert die gängige Postmoderne mit Glaserker, Loggia und großer Gaube. Zwischen Innsbruck und Kopenhagen sind sie einander überall gleich.

Fischerkirche von Born – 1935 aus Holz gebaut

Darßer Schippertür mit Sonne und Tulpenbaum

Schilf – Material für die rohrgedeckten Dächer

Viele dieser Häuser sind gedeckt mit Reet, wofür die hierorts gebräuchliche Bezeichnung Rohr lautet. Wie auch bei den älteren Gebäuden handelt es sich in aller Regel um Krüppelwalmdächer. Walm- und Satteldach finden sich nur vereinzelt. Vorübergehend kam bei den Firsten die Verwendung von Heidekraut in Mode, setzte sich aber nicht durch. Die Gauben sind fast immer geschwungen. Die Traufe wird entweder parallel zum Boden beschnitten oder im rechten Winkel zum Dachverlauf. Den Vordergiebel schmücken oft gekreuzte Pferdeköpfe: ein germanisch-heidnisches Zeichen zur Abwehr von Sturm und Unheil.

Reet oder Rohr ist getrocknetes Schilf. Es wird winters am Bodden geschnitten, wenn die Ufer vereisen. Das abgetrennte Rohr wird gebündelt, und die Bündel werden zu Kegeln gestellt, die Fiemen heißen. Milde Winter verhindern den Schilfschnitt, und längst beziehen die Handwerker ihr Material aus dem Ausland, vor allem vom Donaudelta in Rumänien oder aus Ungarn, vom Plattensee. Reetdächer sind ungemein teuer: Sie kosten etwa das Dreifache gleich großer Ziegeldächer. Man rechnet mit einer Haltbarkeit von sechzig Jahren. Der First bedarf schon

früher einer Erneuerung, da er der Witterung stärker ausgesetzt ist.

Bauern und Büdner

Wenden wir uns an dieser Stelle neuerlich der politischen Geschichte dieser Region zu. Im Falle Mecklenburgs begannen nach der kurzen und glanzvollen Periode von Albrecht II. und seinem Sohn, dem König von Schweden, wieder die alten dynastischen Streitigkeiten, und die Aufkunft von Raubrittern mit Namen wie Moltke, Maltzahn und Plessen führte schon bald wieder zur allbekannten partikularen Ohnmacht. Diese teilte sich auch darin mit, dass es trotz des eingeführten Prinzips der Primogenitur, also des alleinigen Erbrechts der jeweiligen männlichen Erstgeburt, immer wenigstens zwei mecklenburgische Herzöge gab, zuletzt die von Schwerin und die von Strelitz.

Das Fischland gehörte dem Herrschaftsgebiet Mecklenburg-Schwerin. Von Rostock aus setzte sich zur Lutherzeit der Protestantismus durch, und der Dreißigjährige Krieg verwüstete die Landschaft. Beide Mecklenburg gaben sich danach eine Verfassung, den Landesgrundgesetzlichen Erbvergleich, der ein

Der Zingster Swatte Haase/Maler: Kurt Klamann

Fischerboote vor Zingst, um 1895

Kapitänskiste im Heimatmuseum von Zingst

Monument von atemberaubender Rückständigkeit war, denn er verurteilte das Land zu anhaltendem politischem Elend.

Die Leibeigenschaft wurde darin ausdrücklich bestätigt, ebenso das Recht zum Bauernlegen, das war: die gewaltsame Enteignung kleiner Landwirtschaften durch den Grundherrn. Der Besitz eines Rittergutes brachte im Landtag Sitz und Stimme. Alle Steuergesetzgebung musste dort gebilligt werden, mit dem Resultat, dass mehr als die Hälfte aller mecklenburgischen Rittergüter steuerfrei blieben. „Wir verkünden und versprechen hiermit gleich anfangs Unserer gesamten Ritter- und Landschaft vollkommene Sicherheit und Erhaltung bei ihren Rechten, Gerechtigkeiten, Freiheiten, Vorzügen, Gebräuchen und Gewohnheiten", erklärte Herzog Christian Ludwig von Mecklenburg-Schwerin im zweiten Paragraphen des Erbvergleichs. Er fertigte damit ein Todesurteil aus.

An alledem nahm das Fischland als Region des Großherzogtums Mecklenburg-Schwerin seinen Anteil, doch gab es hier, begünstigt durch die geographische Abgeschiedenheit, auch eine von der übrigen Norm abweichende Sonderentwicklung. Das Fischland hatte keine Rittergutseigner, denn dazu war es zu

klein. Es fand daher auch kein Bauernlegen statt, und man hatte keine Unfreien, aus dem gleichen Grunde. Auf dem Fischland lebten Bauern, Büdner, Fischer und Seeleute, sonst niemand. Äußerlich kenntlich waren diese Stände an den von ihnen bewohnten Häusern.

Die Zahl der Bauernstellen war festgelegt, und es galt die Bestimmung, dass auf dem Fischland niemand wohnen dürfe, der nicht über ein eigenes Haus verfügte. Dies kam einem Zuzugsverbot für Fremde gleich und brachte sehr enge, vielleicht allzu enge verwandtschaftliche Verflechtungen der Fischländer Familien, führte aber jedenfalls dazu, dass jene Zustände der völligen sozialen Stagnation, die im übrigen Mecklenburg herrschten, das Fischland nicht einzuholen vermochten.

Den Kontrast dazu lieferten Darß und Zingst. Hier regierten ab dem Hochmittelalter die Rügener Fürsten und, nach deren Aussterben, verschiedene Herrscher aus der Linie Pommern-Wolgast. Mit Stralsund und Greifswald gab es mächtige vorpommersche Hansestädte, und die Reformation setzte sich in Vorpommern noch eher durch als in Mecklenburg. Mit dem Dreißigjährigen

Die „Regulus", Heimathafen Barth

„Petropolis": halb Dampfer, halb Segler

Kapitänsbild im Darß-Museum in Prerow

Krieg (1618–1648) fiel dann Vorpommern an Schweden und blieb schwedischer Besitz bis 1815.

Die Schwedenzeit war keine Periode besonderer ethnischer oder kultureller Unterdrückung. Die schwedischen Gouverneure in Stralsund erwiesen sich als vergleichsweise tolerante Leute (deren Toleranz freilich vor allem das Resultat einer allgemeinen Gleichgültigkeit war), und zuletzt wurde das Gouverneursamt sogar von einem deutschen Aristokraten wahrgenommen. Die ersten genauen Vermessungen von Darß und Zingst stammen von schwedischen Kartographen und bilden eine verlässliche Grundlage der die beiden Halbinseln betreffenden Geographie.

Eine Zeit der bedeutenden Innovationen stellten die zwei schwedischen Jahrhunderte gleichwohl nicht dar. Es gab in Vorpommern die Leibeigenschaft und das Bauernlegen wie nicht anders in Mecklenburg, und als dann Vorpommern mitsamt dem übrigen Pommern preußisch geworden war, brachte zunächst bloß der Bädertourismus etwas Geld und etwas neue Zivilisation ins Land. Die Halbinseln Darß und Zingst blieben davon lange Zeit ausgenommen. Wie auf dem Fischland hat auch hier die Segelschifffahrt einigen Wohlstand beschert, aber mit dem war es nach ein paar Jahrzehnten schon wieder vorbei. Darß wie Zingst gehörten wie viele armselige vorpommersche Regionen bald zu den allerdürftigsten.

Folklore

Im Kulturhistorischen Museum der Stadt Stralsund steht ein eintüriger Kleiderschrank, der im 19. Jahrhundert von einer Tischlerwerkstatt auf dem Darß gefertigt wurde. Sein Material ist Kiefernholz, dunkelrot gestrichen, und zeigt in der Türfüllung als Dekor senkrecht verlaufende Kehlen, außerdem ein halbkreisförmiges Band, des Kontrastes wegen schwarz gefärbt. Geschwärzt wurden auch die Querleisten an Ober- und Unterkante.

Der Schrank lässt problemlos seine Herkunft aus ästhetischen Gewohnheiten des deutschen Klassizismus erkennen. Ihn zur Volkskunst zu rechnen, ist ebenso möglich wie anfechtbar. In vielen Fällen laufen die Grenzen zwischen Hochkunst und Folklore unentwirrbar ineinander, wie auch Volkskunst und Kunstgewerbe kaum mehr voneinander zu scheiden sind.

Kulturkaten „Kiek In" in Prerow

Schönes rohrgedecktes Fachwerkhaus in Wustrow

Das gelbe Haus in Born

Bei den entsprechenden Gegenständen von Fischland, Darß und Zingst existieren zudem Probleme der regionalen Unterscheidbarkeit. Generell fällt es schwer, besondere folkloristische Eigenarten der Halbinselgruppe überhaupt zu benennen. Der Darßer Kleiderschrank im Stralsunder Museum könnte ebensogut aus einem anderen Teil Vorpommerns stammen.

Folklore im strengen Sinne ist dörfliches Brauchtum. Die Darßer und Fischländer Landwirtschaft war zu armselig, als dass sie sich den bescheidenen Luxus hätte leisten können, eine Volkskunst eigenen Zuschnitts zu entwickeln und zu tradieren. Trachten, Lieder und Gebrauchsgegenstände stimmen überein mit jenen der übrigen mecklenburgisch-vorpommerschen Küstenregion. Allenfalls die zuweilen etwas andere Akzentuierung macht die Eigenart aus.

Sie wurde vorgegeben durch die Schifffahrt, und es waren die Partenreeder, die jenes bisschen Reichtum ins Land brachten, das zur Unterfütterung eines kulturellen Lebens unerläßlich ist. Maritimes ist folglich bei den folkloristischen Objekten aus Wustrow, Zingst und Prerow dominant. Dazu gehören die Seemannskisten, oft bemalt mit fremden

Topographien, mit figürlichen Abbildern oder mit dem Porträt eines Schiffes. Dazu gehören die Kapitänsbilder mit der stolzen Seitenansicht eines Seglers, seltener eines Steamers, und es gibt auch die verkleinerten Schiffsmodelle, wie sie heute noch in manchen Kirchen hängen.

Das Buddelschip, das stark minimierte Schiffsmodell in der Glasflasche, gehört eigentlich eher an die Nordseeküste, ist aber auch auf dem Fischland präsent und dies bis heute. Exklusive Eigenart des Darß bleiben die dort gebräuchlichen Haustüren mit ihren Blumenmustern. Der Ursprung reicht nicht weiter zurück als bis ins 19. Jahrhundert. Den Fischerteppich – langflorige Objekte von gedämpfter Färbung, vorherrschend ist das Grau – kennen die Halbinseln so gut wie andere Regionen Mecklenburg-Vorpommerns. Handgefertigte Wollsachen lassen sich kaum mehr von ähnlichen Produkten aus Irland unterscheiden. Handgewebtes folgt einem allgemeinen norddeutschen Trend.

Erwähnenswert ist die in der Gegend von Ahrenshoop geschaffene kunstgewerbliche Keramik. In ihr setzt sich die Tradition der Fayence-Produktion fort, die während des

Fischer beim Netzeflicken/Heimatmuseum Zingst

Max Hünten, Selbstporträt/Heimatmuseum Zingst

Modell eines Zeesbootes/Darß-Museum Prerow

18. Jahrhunderts bis zum Siegeszug der Wedgwood-Waren in Vorpommern bestand. Wer die zwischen Wustrow und Prerow geöffneten Kunstgewerbeläden betritt, wird allerlei hübsche Dinge entdecken, die in ihrer Überzahl allerdings aus Sachsen, aus Thüringen und aus dem Berliner Raum stammen, sofern sie nicht gar aus Ostasien kommen. Regionale Eigentümlichkeiten sind da längst kein Qualitativ mehr, und das gilt wie anderswo so auch hier.

Inspiration für Dichter

Fischland, Darß und Zingst waren gelegentlich der Gegenstand belletristischer Erwähnungen, manchmal auch deren Entstehungsort. Beides ist in einzelnen Fällen identisch, doch die Regel ist dies keinesfalls.
Sofern, was in diesem Zusammenhang sicher zulässig ist, die Festlandstadt Barth unserer Gegend zugerechnet werden darf, muss jedenfalls Wizlaw III. erwähnt werden. Er war Fürst von Rügen, übrigens der letzte seines Geschlechts, und erkor nach dem Jahre 1304 Barth zu seinem ständigen Wohnsitz. Er war ein Minnesänger. 27 Schöpfungen seiner Hand sind überliefert, in Vers und

Musik, in der Jenaer Liederhandschrift, die nächst der Manessischen eine der wichtigen Sammlungen mittelhochdeutscher Poesie ist. Ebenfalls in Barth ansässig war der Theologe Johann Joachim Spolding, der zu seiner Zeit, Mitte des 18. Jahrhunderts, als aufklärerischer Autor einen überregionalen Namen hatte. Es heißt, die inzwischen allgemeine Eindeutschung des lateinischen Wortes *factum* in „Tatsache" gehe auf ihn zurück. Dann muss noch die Barther Bibel erwähnt werden, eine an diesem Ort auch drucktechnisch betreute plattdeutsche Fassung der von Martin Luther verfertigten hochdeutschen Übertragung des Alten und des Neuen Testaments.
Realistische deutsche Romane des 19. Jahrhunderts lassen, wenn sie sich der Ostsee nähern, Darß und Fischland aus, vielmehr spielen sie, wie „Effi Briest" von Theodor Fontane, lieber auf der Insel Rügen. Ohnehin fällt die touristische Entdeckung der Halbinselgruppe erst auf das *fin de siècle*, und erst seither findet sie auch belletristische Erwähnung. Da existieren Verse Gerhart Hauptmanns, der in Ahrenshoop weilte, während sein Sommersitz in Kloster auf Hiddensee noch im Entstehen war.

Gerhart Hauptmann in Ahrenshoop, 1930

Uwe Johnson (1934–1984), um 1953

Der seit einem reichlichen Jahrzehnt als moderner Klassiker Mecklenburgs gehandelte Romancier Uwe Johnson lässt seinen wichtigsten Roman, „Jahrestage", überwiegend in Güstrow, in einer kleinen Szene auch in Ahrenshoop spielen. Johannes R. Becher, der DDR-Staatsdichter, hat mit seinem ungehemmten Vers- und Prosafluss Ahrenshoop überschwemmt, wie überhaupt dieser Ort die meiste poetische Relevanz an sich zog. Gerhard Marcks war, wie viele bildende Künstler, außerdem eine sprachliche Begabung, und die Notizen, die er während seiner Zeit in Niehagen verfasste, hatte er zwar nicht für den Druck bestimmt, doch sind sie inzwischen gedruckt worden und lesen sich recht eindrucksvoll.

Die Schriftstellerin Agnes-Marie Grisebach wohnte bis zu ihrem Fortgang in Ahrenshoop. Inzwischen ist sie durch den andauernden Kult der *écriture feminine* zu einem bescheidenen Ruhm gelangt. In einem ihrer Bücher, „Abschied vom Hohen Ufer", unterbreitet sie ihre belletristisch gewandten Erinnerungen.

Ahrenshoop hatten und haben noch ein paar andere zeitgenössische Literaten zu ihrem ständigen Wohnsitz genommen, so Claus Hammel, ein zu Zeiten der DDR viel gespielter Bühnenautor. Der Ahrenshooper Wolfgang Schreyer, Verfasser von Spannungs- und Abenteuerliteratur, erzählt in einem seiner Romane, „Nebel", die politischen Veränderungen des Herbst 1989 auf Fischland in der Form einer Kriminalgeschichte. Inzwischen hat er auch seine Memoiren vorgelegt.

Kaum mehr überschaubar ist die heimatkundliche und Reiseliteratur zu Fischland, Darß und Zingst. Es gibt Bildbände. Es gibt Wanderempfehlungen. Es gibt Ortschroniken, naturwissenschaftliche Untersuchungen, kunsthistorische Abhandlungen von vielerlei Art und von vielerlei Couleur, denn natürlich versuchte zum Beispiel die untergegangene DDR selbst noch regionale Betrachtungen mit ihrem grundsätzlichen politischen Selbstverständnis zu unterfüttern. Nicht alles wurde dabei zu Makulatur, und wer es fertig bringt, die allerdings reichlich vorhandenen propagandistischen Pflichtübungen zu ertragen, wird aus dem Buch „Zwischen Meer und Bodden" von Fritz Meyer-Scharffenberg, einem Heimatautor aus der Gegend, einigen Lektüre-Nutzen beziehen.

Heimatschriftstellerei auch sonst. Es gibt sie von der humoristischen und von der gemüt-

Martha Müller-Grählert (1876–1939)   Käthe Miethe (1893–1969)

vollen Art, es gibt sie auf Hochdeutsch und
auf Platt. Die meisten Namen sind außerhalb
der Region völlig unbekannt und in der
Region vielfach ebenso. Selbst das in vor-
pommerschem Platt aufgesetzte und zu seiner Zeit ziemlich erfolgreiche Erzählbuch
„De Darßer Smuggler" von Johann Sege-
barth, einem ehemaligen Kapitän und nach-
maligen Schriftsteller, gehört inzwischen
dazu. Man hat das Buch nunmehr ins Hoch-
deutsche übersetzt, nicht sehr gut, und da
kann jedermann nachlesen, dass dieser Autor
zur Herstellung einer ordentlichen Roman-
fabel überhaupt nicht taugte und außerdem
ein Antisemit war.
Wer dar ierst einmal hett sin setten,
dei kann min Darß nich mihr vergäten.
So menig Storm is roeverbrust
in sine Kronen hust.
So reimte Edith Roepke aus Born, und von
dieser eher rührenden Art sind die allermeis-
ten plattdeutschen Verse aus der Gegend und
auf die Gegend, eingeschlossen jene der
Martha Müller-Grählert, die unter dem Ort
Zingst ausführlicher bedacht würde.
Die wahrscheinlich bedeutendste Heimat-
schriftellerin der Region hieß Käthe Miethe.
Sie war die Tochter eines Wissenschaftlers

und selber nicht vom Fischland gebürtig, zog
aber irgendwann mit ihrem Vater dorthin
und kam von der Gegend nicht mehr los. Sie
bewohnte ein Haus in Althagen, und im Lau-
fe ihres Lebens hat sie eine Reihe von
erzählenden Büchern über Fischländer
Geschichte und Gegenwart verfasst: in einer
ordentlichen Prosa, die ästhetisch niemals
über ihre Verhältnisse lebt.
„Lebenstüchtigkeit und Lebensklugheit sind
Eigenschaften, die man dem Fischländer
Volk der Fahrensleute nachsagen kann. Sie
wissen zu leben und leben zu lassen, denn
alle Kleinlichkeit ist ihnen fremd." Solche
Sätze aus Käthe Miethes bekanntestem Buch
„Das Fischland", geschrieben 1951, sind
wohl auch ein Stück heimlicher Autobiogra-
phie.

Windstille am Barther Bodden

Zeesboot auf dem Saaler Bodden

Früher dienten Zeesboote der Schleppnetzfischerei, heute sind sie Refugium für Freizeitkapitäne.

Zeesboot-Regatta

Liebevoll restaurierte Zeesboote im Hafen von Barth

Üppig blühende Sonnenbraut in Althagen

Tür in Prerow

Rohrgedecktes Fachwerkhaus in Wustrow

Ländliche Idylle auf dem Fischland

Die Eingangstore

Wer vom Eiland aus eine größere Stadt aufsuchen mag, um dort möglicherweise einzukaufen oder auch bloß die Kleinteiligkeiten dörflichen Lebens für eine Weile hinter sich zu lassen, begibt sich, wenn er nicht sehr weit fahren will, entweder nach Ribnitz-Damgarten oder nach Barth.

Beide Kommunen waren früher einmal Kreisstädte, denen auch Territorien der Halbinselgruppe administrativ unterstanden. Inzwischen gingen sie dieser Bedeutsamkeit verlustig. Sie fielen dadurch noch etwas stärker in eine weitläufige niederdeutsche Lethargie zurück.

Ribnitz-Damgarten, so hat es den Anschein, konnte diese Situation ein wenig besser bewältigen, und mindestens gilt das für seinen westlichen, den älteren Ortsteil, das ist das mecklenburgische Ribnitz.

Der Ortsname enthält das slawische Wort für Fisch, *ryba*. Man kann ihn mit „Fischhausen" übersetzen, und man darf außerdem auf wendische Siedlungsursprünge schließen. Gleichwohl gilt das 1210 erstmals erwähnte Rybanitz als eine völlig voraussetzungslose Gründung deutscher Siedler und entstand erst unter der Verantwortung von Herzog Heinrich Borwin III. aus Rostock. 1257 wurde das lübische Stadtrecht erworben, wodurch sich Handel und Handwerk gestärkt sahen. Bis heute lässt der regelmäßige Verlauf der rechteckig aufeinander zulaufenden Altstadtstraßen eine vorbedachte Planung der gesamten Anlage deutlich erkennen.

1323 wurde das St. Klarenkloster gegründet. Die Klarissinnen, muss man wissen, waren ein weiblicher Bettelorden, der sich unter die Regel des heiligen Franz von Assisi stellte, und ganz entsprechend wurde die 1393 geweihte Einrichtung eine von bescheidenem Zuschnitt. Ihre Backsteinkirche blieb erhalten und verfügt heute über Zeugnisse aus mehreren Jahrhunderten: Stücke sakraler Kunst, Grabsteine, figürlich gestaltete Tomben. Nach der Reformation sah sich das Kloster umgewandelt in ein Stift für Damen des Adels, und deren Wohnhäuser wuchsen anstelle der abgerissenen Wirtschaftsgebäude. Sie sind geblieben. Heute dienen sie musealen Zwecken.

Gezeigt wird außer allgemein heimatgeschichtlichen Sammlungen eine ausführliche Dokumentation der mittel- und niederdeutschen Vorkommen von Bernstein mitsamt entsprechenden Fundbeispielen, aufbewahrt unter Glas. Es gibt da große Klumpen und zierliche. Es gibt die Inklusen genannten Einschlüsse von Insekten und Pflanzenteilen, es gibt schließlich den Fischlandschmuck: in Silber gefasste Steine, zu Kette, Anhänger und Armband geordnet. In Ribnitz hergestellt, wurde er vorwiegend in Wustrow verkauft, die Idee geht zurück auf einen Goldschmied namens Walter Kramer, der in Ribnitz lebte und einer alten lokalen Juwelierfamilie entstammte. 1947 wurde er verhaftet, aus politischen Gründen, nach seiner Entlassung verließ er das Land Richtung Travemünde, und sein Hundert-Mann-Unternehmen wurde sozialistisch. Inzwischen wurde daraus eine Schaumanufaktur.

Das Klarissenkloster lag ganz am Rande der alten Stadtanlage, deren Zentrum, wie in allen hochmittelalterlichen Stadtgründungen des deutschen Nordens, bestimmt wurde

Das Rostocker Tor/Ribnitz-Damgarten   In der Kirche St. Marien von Ribnitz-Damgarten

durch den Markt und die am Markt befindliche Stadtkirche. Sie trug und trägt, auch dies war das Übliche, den Namen der Gottesmutter Maria.

Die dreischiffige Hallenkirche steht auf einem Grundriss aus dem 13. Jahrhundert. Sie erhielt ihre heutige Gestalt nach einem großen Brand im Jahre 1455. Vieles kam später hinzu, zum Beispiel die neugotische Turmlaterne, und noch bis in die allerjüngste Zeit hinein ist umfänglich an dem Bauwerk gearbeitet und restauriert worden, mit durchaus geglückten Ergebnissen besonders im Innenraum, die einer Besichtigung wert sind.

St. Marien beschließt den großen rechteckigen Marktplatz von Ribnitz nach Westen hin. Der Kirche genau gegenüber steht das Rathaus, ein hübsches, helles, klassizistisches Bauwerk von 1834, der Baumeister hieß Johann Georg Barca. Fast alle Gebäude rund um den Platz befanden sich bis 1990 in einem Zustand beklagenswerter Hinfälligkeit. Viele sind wieder hergerichtet und ergänzt worden. Eine der Neueinrichtungen heißt Kleine Fischergasse und ist eine jener wieder üblich gewordenen kommerziellen Passagen mit Fachwerk, Erkern und Figuren.

Für die Vergangenheit der Stadt Ribnitz steht außerdem und unübersehbar das Rostocker Tor, als der letzte von ursprünglich fünf mittelalterlichen Stadteingängen. Die übrigen sonst noch sichtbaren Reste der alten Wehrbefestigung sind einer eingehenderen Erwähnung nicht wert, da sie keine bemerkenswerte Architektur aufweisen.

Ribnitz war in seiner jüngeren Geschichte nie viel mehr als eine zurückgebliebene, freundliche und etwas schläfrige mecklenburgische Kleinstadt. An der Ausfallstraße nach Körkwitz produzierte bis 1945 ein Rüstungsbetrieb, der Inhaber hieß Bachmann und wurde nach dem Kriegsende enteignet. Später stand hier ein Faserplattenwerk für die Möbelindustrie, das noch über das Jahr 1990 hinweg erhalten blieb, dann aber schließen musste, gegen den Protest seiner Belegschaft, die über Wochen hinweg zu einer Mahnwache aufzog. Genutzt hat es alles nichts. Ribnitz liegt am linken Ufer der Recknitz. Der Flussverlauf markiert, wir sagten es, die alte Landesgrenze zwischen Mecklenburg und Vorpommern. Die Bundesstraße 105 zwischen Rostock und Stralsund durchquert Ribnitz, führt über eine Recknitzbrücke und durchläuft später Damgarten, das seit 1950

Blick über den Barther Bodden auf Barth

Der rechteckige Marktplatz von Barth

mit Ribnitz eine gemeinsame Stadt bilden soll.

Die Gemeinsamkeit funktioniert eher formal. Urbanistisch sind die beiden Teile noch längst nicht zusammengewachsen, denn zwischen den zwei Zentren liegt eine Entfernung von drei Kilometern und allerlei leerer Raum. Da Vorpommern stets ärmer gewesen ist als Mecklenburg, meint man bei der Reise von Ribnitz nach Damgarten ein gewisses Zivilisationsgefälle wahrnehmen zu können, und außer einer Pfarrkirche aus der Zeit um 1300 verfügt Damgarten über wenig erhebliche Bauhistorie. Ohnehin bleibt die größte Attraktion der gesamten Stadt ihre natürliche Lage direkt am Saaler Bodden, mit dem hübschen Ribnitzer Hafen für Sportboote und Ausflugsdampfer, mit dem überaus anmutigen Blick hinaus aufs blanke Wasser und hinüber zum Fischland und zum Darß. Barth, die Stadt an dem Fluß Barthe, ist wie Ribnitz eine Gründung des Hochmittelalters und steht an der Stelle einer geschleiften Wendenburg. Barth besaß einmal ein Pommernschloss. 1733, also unter schwedischer Herrschaft, wurde es abgerissen, um einem als Bauwerk heute noch erhaltenen barocken Adelsstift Platz zu machen.

Der Marktplatz ist sehr rechteckig, wie jener von Ribnitz. Es gibt ein paar alte Straßen. Die Stadtmauer hatte früher vier Eingänge, von denen einer erhalten blieb, das Dammtor. Außerhalb der Mauern befand sich die Spitalkapelle St. Jürgen, deren Ruine jüngst sorgfältig restauriert wurde und als christliche Begegnungsstätte dient.

Die Marktkirche heißt auch hier nach der Gottesmutter Maria und ist ein großer Backsteinbau. In ihre heutige Form hat sie der Schinkeladept Friedrich August Stüler gebracht. Im Langhaus hängen zwei Kronleuchter von Domenicus Slodt, die Herzog Bogislaw XIII. im Jahr 1589 stiftete. Der Sitz seiner Herrschersippe war eigentlich Wolgast, doch Bogislaw zog es vor, in Barth zu wirken, was der Stadt etliche Vorteile bescherte.

So gründete er auch eine Druckerei, in der 1588 die schon erwähnte und sehr berühmte Barther Bibel entstand: gedruckt im Quartformat und mit einhundert Holzschnitten, mehrere davon illuminiert. Ein Exemplar befindet sich noch am Ort, in der Barther Kirchenbibliothek, deren Bestände insgesamt 4000 Bände umfassen, und der älteste und wohl auch kostbarste unter ihnen ist die

Die berühmte Barther Bibel

Das Barther Bibelzentrum

Handschrift eines Breviers aus der Zeit um 1250.

Die andere Blüteperiode von Barth fällt dann ins 19. Jahrhundert. Da existierten am Ort gleich vier Werften für Segler, und eine Zeit lang galt Barth als zweitwichtigste Seefahrerstadt im gesamten Königreich Preußen: 1877 gehörten in ihren Hafen 172 Seeschiffe, vier Küstenschiffe und ein Dampfer, der aber, wie überall an der Ostseeküste, schon der Vorbote eines gründlichen nautischen Niedergangs war.

Die Stadt legte sich Industrie zu. Ein Flugplatz entstand, und zu Zeiten der DDR profitierte Barth vom militärischen Betrieb auf dem Zingst, der nach 1990 endete. Barth zählt heute um die zehntausend Seelen und träumt vom sanften Tourismus. Neuerdings gibt es sommers ein Freilichtfestival, gewidmet dem Untergang des sagenhaften Vineta, das sich hier befunden haben soll; den gleichen Anspruch erhebt freilich auch die Insel Usedom. Gleichwohl, man spielt in Barth die Sache nach, mit vielen Laiendarstellern in historischen Kostümen und mit einigem Erfolg beim Publikum.

Die Stadt wirkt am hübschesten bei Dampferfahrten auf dem Bodstedter Bodden, wenn ihre Türme, St. Marien und Dammtor, in den hohen Himmel wachsen, zusammen mit den Schäften der zahlreichen Windrotoren, die sich hier wie sonst an der Küste immer reichlicher drehen, hinter Flachwasser und Bülten, den kleinen Schilfinseln im Bodden.

Nicht ohne ironischen Doppelsinn liest sich da eine Strophe aus dem Ostseelied der aus dem nahen Zingst stammenden Dichterin Martha Müller-Grählert:

Woll hett mi dat Leben dit Verlangen stillt,
Hett ein allens geben, wat min Hart erfüllt,
Allens is verwunden, wat mi quäl und drew,
Heww nu Freden funden – doch de Sehnsucht blew.

Abendstimmung auf dem Barther Bodden

Von August Stüler gebaut – die Marktkirche von Barth

Blick auf Taufbecken und Orgel/St. Marien, Barth

Nationalpark Vorpommersche Boddenlandschaft

Darßer Ort

Prerow
Seemannskirche
Darß-Museum

Zingst
Müggenburg
Gr.-Werder
Zingst
4,8
Sundische Wiese
0,8

Darß
Schmidt-
Bülten
Große Kirr
Kinnbackenhagen
Bisdorf

Forsths.
Bülten
Dreh- u.
Pontonbrücke
Bresewitz
Ole
1,7
Vitte – Zingst
Batevitz
Nisdorf

Rehberge
Wieck
a. Darß
Bodstedter
Bodden
Barther
Bodden
3,7
Grabow
Günz

Ahrenshoop
Althagen
Born
a. Darß
Bliesenrade
1,6
Bodstedt
Pruchten
Marienkirche
Glöwitz
Glöwitzer B.
34
Dabitz
Neuenpleen
4,9

Niehagen
Elchort
Redensee
Neuendorfer
Bülten
Michaels-
dorf
Fuhlendorf
TANNENHEIM
PLANITZ
Barther
BARTH
Küstrow
Zühlendorf
3,6
Neu
Bartels-
hagen
Buschenhagen
Duvendiek

Wustrow
Barnstorf
Neuendorf Hede
Hermannshagen
Heide
Stadtholz
Zipke
Rubitz
Groß Kordshagen
Wüstenhagen
31
Neu
Lassentin
Niepar

Saaler
Bodden
Neuendorf
Hermannshagen Dorf
Hermannshof
Gäthkenhagen
Spoldershagen
Wobbelkow
Divitz
Frauendorf
Kenz
Flemendorf
Arbshagen
Saatel
Karnin
Kummerow
Heide

Dierhagen Ost
Saal
Hessenburg
Lüdershagen
Martenshagen
Löbnitz
Redebas
Stubben-
hagen
Friedrichshof
Kummerow
Martensdorf

Dierhagen Strand
Dierhagen Dorf
Langendamm
Kückenhagen
Bartelshagen II
Lüdershagen Heide
Heidberg
Kindshagen
Manschen-
hagen
Bussin
Velgast
Obermützkow

Neuhaus
Dierhagen
Großes
Moor
Beiershagen
Dechowshof
Neuhof
Wiepkenhagen
Langenhans-
hagen
Neuhof
Starkow
Mittelhof
Altenhagen
Sternhagen
Alt Lendershagen
48

Hof Körkwitz
Neu Klockenhagen
TEMPEL
Altenwillershagen
E22
Bf.
Langenhanshagen
Forsths.
Buchen-
horst
Hövet
Schuenhagen
Endingen
Jakobsdorf

Klockenhagen
KÖRKWITZ
DAMGARTEN
Behrenshagen
Wilkens B.
Trinwillershagen
Neuenlübke
Neurost
Neuseehagen
Weitenhagen
Berthke

Hirschburg
Freiland-
museum
BORG
RIBNITZ
PÜTNITZ
Klosterkirche
Rostocker
Bernsteinmuseum
Plummerdorf
Dettmannsdorf
Ahrenshagen
Todenhagen
Schlemmin
Wolfshagen

Altheide
Neuhof
RIBNITZ-
DAMGARTEN
FREUDENBERG
Daskow
Pantlitz